民族文字出版专项资金资助项目

ལིན་ལིན་གྱིས་ཁྱོད་རང་སྣེ་ཁྲིད་ནས་མེས་རྒྱལ་ལ་ལྟ་རུ་འགྲོ་བ།

风流人物

མི་སྣ་གྲགས་ཅན།

汉藏对照

རྒྱ་བོད་ཤན་སྦྱར།

寒　竹　编
扎西才让　译
王　静　绘

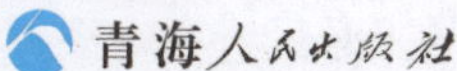

图书在版编目（CIP）数据

风流人物：汉藏 / 寒竹编；扎西才让译；王静绘 .-- 西宁：青海人民出版社，2018.1（2021.1 重印）
（羚羚带你看祖国）
ISBN 978-7-225-05506-0

Ⅰ . ①风… Ⅱ . ①寒… ②扎… ③王… Ⅲ . ①历史人物 – 生平事迹 – 中国 – 少儿读物 – 汉、藏 Ⅳ . ① K82–49

中国版本图书馆 CIP 数据核字（2017）第 331549 号

羚羚带你看祖国丛书

风流人物（汉藏对照）

寒　　竹　编

扎西才让　译

王　　静　绘

出 版 人　樊原成
出版发行　青海人民出版社有限责任公司
　　　　　西宁市五四西路 71 号　邮政编码：810023　电话：（0971）6143426（总编室）
发行热线　（0971）6143516 / 6137730
网　　址　http://www.qhrmcbs.com
印　　刷　永清县晔盛亚胶印有限公司
经　　销　新华书店
开　　本　880mm × 1230 mm　1/24
印　　张　5
字　　数　50 千
版　　次　2018 年 5 月第 1 版　2021 年 1 月第 5 次印刷
书　　号　ISBN 978-7-225-05506-0
定　　价　20.00 元

出版说明

《羚羚带你看祖国》系列丛书是一套专为5到9岁藏族和汉族小朋友策划出版的彩图版汉藏双语对照的科普读物，内容涵盖了我国的基本国情、民族概况、文化风俗、历史人物、自然地理、发明创造、科技成果等方面，展示了中华民族五千年文明的丰硕成果。通过阅读，让藏族小朋友了解我们的国家，全面加深对祖国的认知，让他们从小感受到祖国的繁荣与富强，增强孩子们的家国意识、自豪感和归属感，以期让中华民族最宝贵的精神财富，成为藏族小朋友成长路上的人生坐标。

དཔེ་སྐྲུན་གསལ་བཤད།

《ལིན་ལིན་གྱིས་ཁྱོད་རང་སྣེ་ཁྲིད་ནས་མེས་རྒྱལ་ལ་ལྟ་རུ་འགྲོ་བ》ཞེས་པའི་དཔེ་ཚོགས་འདི་ནི་ཆེད་དུ་བོད་དང་རྒྱ་ཡི་ན་ཆུང་བྱིས་པ་ལོ5ནས9ཅན་ལ་ཏུས་འགོད་བྱས་པའི་ཚོན་ལྡན་རྒྱ་བོད་སྐད་གཉིས་ཤན་སྦྱར་མའི་ཚན་རིག་ཁྱབ་གདལ་ཀློག་དེབ་ཅིག་ཡིན། དེའི་ནང་དོན་ནི་རང་རྒྱལ་གྱི་གཞི་རྩའི་གནས་ཚུལ་དང་། མི་རིགས་སོ་སོའི་གནས་ཚུལ་མདོར་བསྡུས། རིག་གནས་གོམས་སྲོལ། ལོ་རྒྱུས་མི་སྣ། རང་བྱུང་ས་ཁམས། གསར་གཏོད་གསར་སྐྲུན། ཚན་རྩལ་གྲུབ་འབྲས་སོགས་འདུས་པར་མ་ཟད། ཀྲུང་ཧྭ་མི་རིགས་ཀྱི་ལོ་ངོ་ལྔ་སྟོང་གི་ཤེས་དཔལ་གྱི་གྲུབ་འབྲས་གཡུར་དུ་ཟ་བ་བླངས་པ་མངོན་པར་མཚོན་ཡོད། དཔེ་ཀློག་བརྒྱུད་དེ་བོད་རིགས་ན་ཆུང་བྱིས་པས་ང་ཚོའི་རྒྱལ་ཁབ་ལ་རྒྱུས་ཡོན་བྱེད་པ་དང་། ཁྱོན་ཡོངས་ནས་མེས་རྒྱལ་གྱི་ངོས་འཛིན་ཇེ་ཟབ་ཏུ་གཏོང་བ། ཁོ་ཚོར་ཆུང་དུས་ནས་མེས་རྒྱལ་གྱི་དར་རྒྱས་དང་སྟོབས་འབྱོར་མངའ་ཐང་ཚོར་དུ་བཅུག་སྟེ། ན་ཆུང་བྱིས་པ་ཚོར་རྒྱལ་ཁབ་ནི་རང་ཁྱིམ་ཡིན་པའི་འདུ་ཤེས་དང་། སྤོབས་སེམས་ལྡན་པ། རང་ཉིད་རྒྱལ་ཁབ་ཀྱི་ཁོངས་གཏོགས་ཡིན་པའི་སེམས་པ་བཅས་ཤུགས་ཆེ་རུ་བཏང་ནས། ཀྲུང་ཧྭ་མི་རིགས་ཀྱི་རྩ་ཆེའི་བསམ་པའི་རྒྱུ་ནོར་ནི་བོད་རིགས་བྱིས་པའི་ནར་སོན་ཁྲོད་ཀྱི་མི་ཚེའི་ཁ་ཕྱོགས་སུ་འགྱུར་བར་བྱ་དགོས།

小朋友，在我国的古代历史长河中,曾经涌现出无数的风流人物。在这本书中，羚羚会带领大家一起认识这些风流人物，他们为中华民族的繁荣奉献了自己的智慧、忠诚甚至生命，虽然这些风流人物早已消逝在历史的长河中，但他们不朽的业绩、博大的情怀和高尚的品质会一直留在我们心中，并激励着我们成为中华民族未来的“风流人物”，为祖国的发展添砖加瓦!

གྲོགས་པོ་ཆུང་ཆུང་ཚོ། རང་རྒྱལ་གྱི་གནའ་བོའི་ལོ་རྒྱུས་ཀྱི་ཆུ་རྒྱུན་རིང་མོའི་ཁྲོད་དུ། སྐྱེས་བུ་དམ་པ་བགྲང་གིས་མི་ལང་བ་ཞིག་བྱུང་མྱོང་བ་ཡིན། དེབ་འདིའི་ནང་དུ། ལིན་ལིན་གྱིས་ཚང་མ་སྣེ་ཁྲིད་ནས་སྐྱེས་བུ་དམ་པ་འདི་དག་གིས་ཀྱང་ཀྲུང་ཧྭ་མི་རིགས་ཀྱི་དར་རྒྱས་ཆེད་དུ་ཁོ་ཚོའི་བློ་གྲོས་དང་བློ་དཀར། ཐ་ན་ཚེ་སྲོག་ཀྱང་ཕུལ་བར་རྒྱུས་ལོན་བྱེད་རྒྱུ་ཡིན། སྐྱེས་བུ་དམ་པ་འདི་དག་སྔ་མོ་ནས་ལོ་རྒྱུས་ཀྱི་ཆུ་རྒྱུན་རིང་མོའི་ཁྲོད་དུ་ཡལ་བར་གྱུར་ནའང་། ཁོ་ཚོའི་ཉམས་པ་མེད་པའི་བྱས་རྗེས་དང་བརྩེ་འདུང་ཟབ་མོ། བློ་ན་མེད་པའི་གཤིས་རྒྱུད་སོགས་ནི་དུས་དང་རྣམ་པ་ཀུན་ཏུ་ང་ཚོའི་སེམས་སུ་གནས་ཡོད་ཅིང་། ང་ཚོ་ཡང་ཀྲུང་ཧྭ་མི་རིགས་ཀྱི་མ་འོངས་པའི་སྐྱེས་བུ་དམ་པ་རུ་འགྱུར་བ་དང་མེས་རྒྱལ་གྱི་འཕེལ་རྒྱས་ལ་ནུས་པ་འདོན་པར་སྐུལ་མ་བཏང་ཡོད།

目录 དཀར་ཆག

黄帝

黄帝，号轩辕氏，古华夏部落联盟首领。黄帝以统一中华的伟绩而载入史册，被尊为中华“人文初祖”。

ཧོང་ཏི།

ཧོང་ཏི། མིང་རྟགས་ལ་ཤྲན་ཡོན་ཧྲི། གནའ་བོའི་ཧྭ་ཞ་མནའ་འབྲེལ་ཚོ་བའི་གཙོ་འཛིན་ཡིན། ཧོང་ཏིས་ཀྲུང་ཧྭ་གཅིག་གྱུར་བྱས་པའི་མཛད་རྗེས་ལ་བརྟེན་ནས་དེབ་ཐེར་ཐོག་བཀོད་པ་རེད། ཀྲུང་ཧྭའི་མི་ཆོས་སྲོལ་འབྱེད་མེས་པོ་ཞེས་བཀུར།

黄帝 ཧོང་ཏི།

桥山黄帝陵 ཆའོ་ཧྲན་ཧོང་ཏིའི་བང་སོ།

大禹

大禹，因治理滔天洪水和划定中国版图为九州而被后人传颂，他也是禅让制度下产生的最后一位部落联盟首领。

ཏ་ཡུས།

ཏ་ཡུས་ཀྱིས་ཆུ་ལོག་ཆེན་པོ་འགོག་བཅོས་དང་ཀྲུང་གོའི་མངའ་ཁོངས་ཀྲོའུ་དགུ་རུ་བགོས་པའི་དབང་གིས་ཕྱི་རབས་པས་བསྟོད་བསྔགས་བྱེད་བཞིན་ཡོད་ལ། ཁོང་ནི་རྒྱལ་པོས་སྲིད་ཁྲི་གཞན་ལ་སྤྲོད་པའི་ལམ་ལུགས་འོག་ཏུ་བྱུང་བའི་ཆེས་མཐའ་མའི་མནའ་འབྲེལ་ཚོ་བའི་གཙོ་འཛིན་རེད།

大禹　ཏ་ཡུས།

大禹治水　ཏ་ཡུས་ཀྱིས་ཆུ་བཅོས་པ།

老子

老子是中国伟大的思想家和哲学家，被称为道教的创始人和代表人物。他所著五千言的《道德经》，对后世中国人思想影响深远。

ལའོ་ཙེ།

ལའོ་ཙེ་ནི་ཀྲུང་གོའི་གནའ་བོའི་རླབས་ཆེན་གྱི་བསམ་བློ་པ་དང་མཚན་ཉིད་རིག་པ་བ་ཡིན། ཏའོ་ལུགས་ཀྱི་སྲོལ་གཏོད་པ་དང་ཚབ་མཚོན་མི་སྣ་ཞེས་གྲགས། ཁོང་གིས་བརྩམས་པའི《ལུགས་ཀྱི་བསྟན་བཅོས》ཀྱིས་ཀྲུང་གོའི་མིའི་བསམ་བློ་ལ་ཤུགས་རྐྱེན་ཆེན་པོ་ཐེབས་ཡོད།

老子　ལའོ་ཙེ།

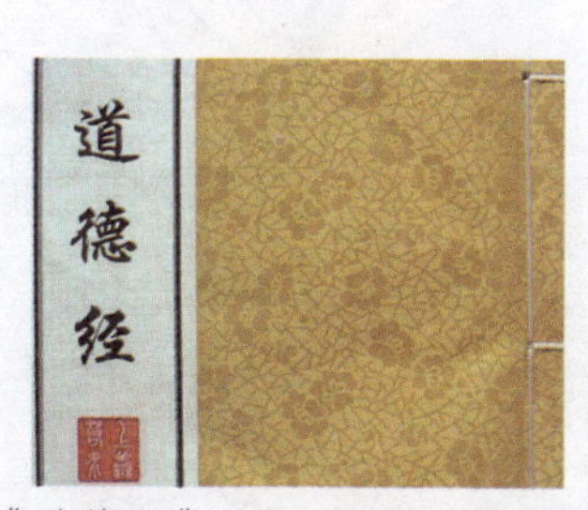

《道德经》　《ལུགས་ཀྱི་བསྟན་བཅོས》

孔子

孔子是中国的“千古圣人”，是中国著名的大思想家、大教育家，是儒家文化的创始人和代表人。孔子强调道德教育在人的整体教育中的首要地位。在古代，小孩儿进学堂第一个拜的就是孔子。

ཁུང་ཙེ།

ཁུང་ཙེ་ནི་ཀྲུང་གོའི་སྔ་ན་མེད་པའི་སྐྱེས་མཆོག་ཅེས་གྲགས། ཁོང་ནི་ཀྲུང་གོའི་སྐད་གྲགས་ཆེ་བའི་བསམ་བློ་པ་ཆེན་མོ་དང་སློབ་གསོ་པ་ཆེན་མོ་ཡིན་ལ། རུཙུ་ལུགས་རིག་གནས་ཀྱི་སྲོལ་གཏོད་པ་དང་ཚབ་མཚོན་མི་སྣ་ཞིག་ཀྱང་ཡིན། ཁུང་ཙེས་ཀུན་སྤྱོད་སློབ་གསོ་ནི་མིའི་སློབ་གསོའི་ཁྲོད་ཀྱི་གོ་གནས་གལ་ཆེན་དུ་འཛོག་དགོས་ཚུལ་གསུངས། གནའ་བོའི་དུས་སུ། ཕྲུ་གུ་རྣམས་སློབ་གྲྭར་སྐྱེལ་དུས་ཐོག་མར་ཁུང་ཙེ་ལ་གུས་ཕྱག་འབུལ་དགོས།

孔子　ཁུང་ཙེ།

《论语》　《ཁུང་ཙེའི་གསུང་སྒྲོས》

孙子

孙武

孙武又称孙子，被尊称为“兵圣”和“百世兵家之师”，所著《孙子兵法》十三篇为后世兵法家所推崇，被誉为“兵学圣典”。他的军事思想影响了历代名将，即使在近代仍然风靡全世界。

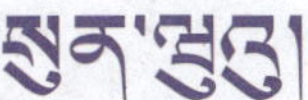

སུན་ཝུ།

孙武 སུན་ཝུ།

སུན་ཝུའུ་ཡི་མིང་གཞན་ལ་སུན་ཙི་ཟེར་ཞིང་། ཁོང་ལ་ཁྱད་དུ་འཕགས་པའི་དམག་དཔོན་དང་བསྐལ་བརྒྱའི་དམག་དཔོན་ཆེན་མོ་ཞེས་བཀུར། ཁོང་གི་བརྩམས་ཆོས་གྲགས་ཅན《སུན་ཙིའི་དམག་ཇུས》ནི་རྗེས་རབས་དམག་ཇུས་མཁས་པ་ཚོས་གུས་བཀུར་བྱ་ཡུལ་དུ་གྱུར་ཡོད་ཅིང་། དེར་ཁྱད་དུ་འཕགས་པའི་དམག་འཐབ་རིག་པའི་བསྟན་བཅོས་ཞེས་འབོད། ཁོང་གི་དམག་དོན་ཐད་ཀྱི་སྙིང་བརྗོད་དང་བསམ་བློ་ཡིས་ལོ་རྒྱུས་དུས་རིམ་སོ་སོའི་དམག་དཔོན་རྣམས་ལ་ཤུགས་རྐྱེན་ཟབ་མོ་ཐེབས་ཡོད་པར་མ་ཟད། ཉེ་རབས་སུའང་སྔར་བཞིན་དུ་འཛམ་གླིང་དམག་དོན་གྱི་རྒྱན་དུ་གྱུར་ཡོད།

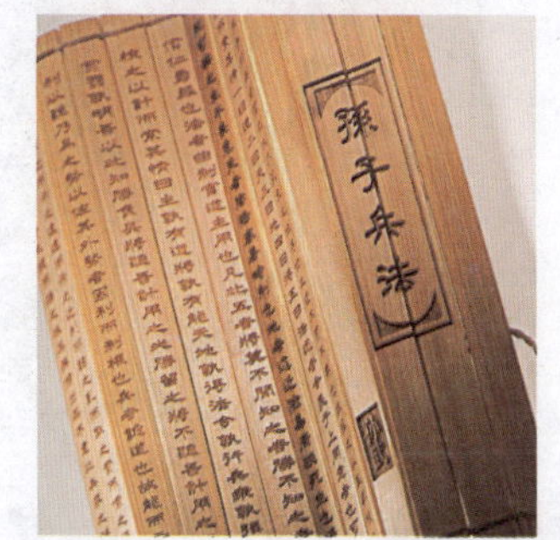

《孙子兵法》 《སུན་ཙིའི་དམག་ཇུས》

鲁班

鲁班，我国古代一位出色的发明家。墨斗、锯子、曲尺等都是他的发明，被尊称为中国土木工匠的始祖。

ལུའུ་པན།

ལུའུ་པན་ནི་རང་རྒྱལ་གནའ་རབས་ཀྱི་ཞུལ་དུ་བྱུང་བའི་གསར་གཏོད་པ་ཞིག་ཡིན། ཁོས་ཐིག་ཕོར་དང་སོག་ལེ། འཁྱོག་ཁྲུ་སོགས་གསར་གཏོད་བྱས། ཁོང་ལ་ཀྲུང་གོའི་ཨར་ལས་ལག་ཤེས་པའི་སློབ་དཔོན་ཐོག་མ་ཞེས་བཀུར་བར་བྱེད།

鲁班　ལུའུ་པན།

墨斗　ཐིག་ཕོར།

扁鹊

扁鹊是春秋战国时期名医，真名叫姬缓，由于他医术高超，当时的人们便借用了上古神话中黄帝时期的神医“扁鹊”的名号来称呼他。扁鹊奠定了中医学的切脉诊断方法，开启了中医学的先河。

པན་ཚའེ།

པན་ཚའེ་ནི་ཁྲུན་ཆིའུ་ཀྲན་གོའི་དུས་སྐབས་ཀྱི་སྨན་པ་གྲགས་ཅན་ཞིག་ཡིན། དངོས་མིང་ལ་ཅི་ཧོན་ཟེར། ཁོང་གི་སྨན་བཅོས་ལག་རྩལ་རྩེར་སོན་པའི་དབང་གིས། སྐབས་དེའི་མི་རྣམས་ཀྱིས་གནའ་རབས་ལྷ་སྒྲུང་ནང་གི་ཧོང་ཏིའི་དུས་སྐབས་ཀྱི་ལྷ་རྗེ་པན་ཚའེ་ཡི་མཚན་བཟང་པོ་གཡར་ནས་འབོད་པར་བྱེད། ཁོང་གིས་ཀྲུང་ལུགས་གསོ་བ་རིག་པའི་རྩའི་བརྟག་ཐབས་ཀྱི་རྨང་གཞི་བཞག་པས། ཀྲུང་ལུགས་གསོ་བ་རིག་པའི་འབྱུང་ཁུངས་ཉིད་དུ་གྱུར་ཏོ།།

扁鹊　པན་ཚའེ།

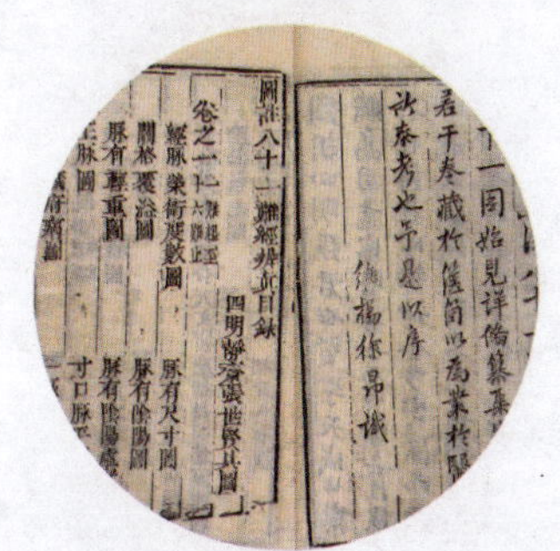

《难经》　《ནན་ཅིན་བསྟན་བཅོས》

城

商鞅

商鞅是战国时期著名的政治家、改革家和思想家，他推行的“商鞅变法”使秦国日益强大，从而推进了中央集权制的转型，为秦始皇建立大一统帝国奠定了基础，对后世产生了深远的影响。

ཧྲང་དབྱང་།

ཧྲང་དབྱང་ནི་ཀྲན་གོའི་དུས་སྐབས་ཀྱི་སྐད་གྲགས་ཆེ་བའི་ཆབ་སྲིད་པ་དང་བཅོས་བསྒྱུར་པ། བསམ་བློ་པ་བཅས་ཡིན། ཁོང་གིས་ཧྲང་དབྱང་ལུགས་བསྒྱུར་ཞེས་པ་དར་སྤེལ་དུ་བཏང་བས་ཆིན་རྒྱལ་ཁབ་སྟོབས་ལྡན་ཅན་དུ་བསྒྱུར་བ་དང་། དབང་ཆ་གཅིག་སྡུད་ལམ་ལུགས་ཕྱོགས་སུ་བསྒྱུར་བར་སྐུལ་འདེད་བཏང་བས། ཆིན་ཧྲི་ཧོང་གིས་གཅིག་གྱུར་གྱི་རྒྱལ་ཁབ་ཅིག་འཛུགས་པར་རྨང་གཞི་བཏིང་ཡོད་ཅིང་། མི་རབས་རྗེས་མར་ཤུགས་རྐྱེན་ཟབ་མོ་བཞག་ཡོད།

商鞅　ཧྲང་དབྱང་།

《商君书》
《སྐྱེས་མཆོག་ཧྲང་དབྱང་གི་གསུང་རྩོམ》

屈原

屈原是我国伟大的爱国诗人，他创立了“楚辞”这种诗体，是中国浪漫主义文学的奠基人。屈原还是战国时期楚国重要的政治家，秦将攻破楚都时，屈原自沉于汨罗江，以身殉国。端午节就源于人们对屈原的纪念。

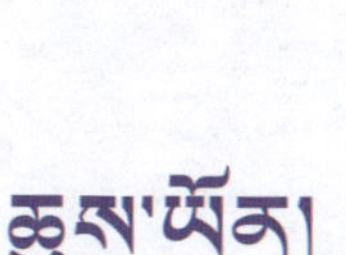

ཆུས་ཡོན།

ཆུས་ཡོན་ནི་རང་རྒྱལ་གྱི་རླབས་ཆེ་བའི་རྒྱལ་གཅེས་སྙན་ངག་པ་ཞིག་ཡིན། ཁོང་གིས་ཁྲུའུ་ཡི་སྙན་ཚིག་ཅེས་པའི་སྙན་ངག་གི་ལུགས་གསར་གཏོད་བྱས། ཁོང་ནི་ཀྲུང་གོའི་འཆར་ཡན་རིང་ལུགས་རྩོམ་རིག་གི་རྨང་འདིང་མཁན་རེད། ཆུས་ཡོན་ནི་ད་དུང་ཀྲན་གོའི་དུས་སྐབས་ཀྱི་ཁྲུའུ་རྒྱལ་ཁབ་ཀྱི་མིང་དུ་གྲགས་པའི་ཆབ་སྲིད་པ་ཞིག་ཀྱང་ཡིན་ལ། ཆིན་རྒྱལ་ཁབ་ཀྱིས་ཁྲུའུ་ཡི་རྒྱལ་སར་དཔུང་འཛུག་བྱེད་དུས། ཆུས་ཡོན་གྱིས་མྱ་ལུའོ་གཙང་པོ་རུ་ལྡེབས་ཏེ་རྒྱལ་ཁབ་ཀྱི་དོན་དུ་རང་སྲོག་བཅད་པ་ཡིན། ལྔ་པའི་ཚེས་ལྔའི་དུས་ཆེན་ནི་མི་རྣམས་ཀྱིས་ཆུས་ཡོན་གྱི་དྲན་གསོ་ཞུ་ཆེད་བྱུང་བ་རེད།

屈原　ཆུས་ཡོན།

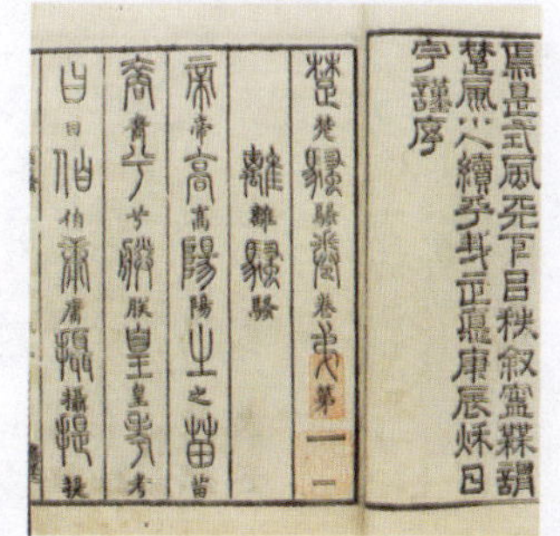

楚辭卷第一

離騷

帝高陽之苗裔兮朕皇考曰伯庸

《离骚》　《ལི་སའོ་སྙན་རྩོམ》

李冰

李冰是战国时期杰出的水利工程专家，李冰父子的杰作——都江堰，规模宏大、布局合理，兼有防洪、灌溉、航行三种作用，在世界水利工程史上也是罕见的奇迹。

ལི་པིན།

ལི་པིན་ནི་ཀྲན་གོའི་དུས་སྐབས་ཀྱི་ཕྱུལ་དུ་བྱུང་བའི་ཆུ་བེད་བཟོ་སྐྲུན་ཆེད་མཁས་པ་ཞིག་ཡིན། ཏུའུ་ཅང་ཆུ་རགས་ཀྱི་གཞི་ཁྱོན་ཆེ་བ་དང་བཀོད་སྒྲིག་བྱེད་ཚུལ་བབ་དང་མཐུན་པ། ད་དུང་ཆུ་ལོག་སྔོན་འགོག་དང་ཞིང་ཆུ་གཏོང་བ། མཚོ་འགྲུལ་བཅས་གསུམ་གྱི་ནུས་པ་ལྡན་པ་ཞིག་བསྐྲུན་པ་ནི་ཁོང་ཕ་བུ་གཉིས་ཀྱི་བྱས་རྗེས་ཡིན། འདི་ནི་འཛམ་གླིང་གི་ཆུ་བེད་བཟོ་སྐྲུན་ལོ་རྒྱུས་སྟེང་དུའང་མཐོང་དཀོན་པོའི་བྱས་རྗེས་ངོ་མཚར་ཅན་ཞིག་ཡིན།

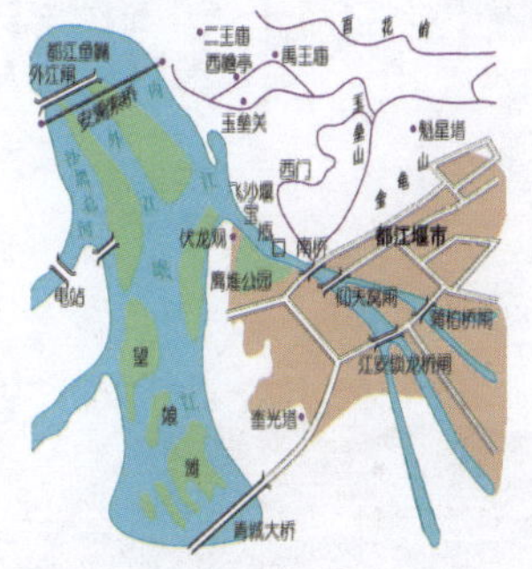

都江堰工程图　ཏུའུ་ཅང་ཆུ་རགས་ཀྱི་བཟོ་སྐྲུན་འདྲ་པར།

李冰　ལི་པིན།

张骞

张骞是西汉时期著名的外交家、探险家，是“丝绸之路”的开拓者。相传，很多西方的文化、科技、农作物等都是由他传入中原的，他的外交实践对中国和世界上其他优秀古代文化的融合，产生了积极的影响。

ཀྲང་ཆན།

ཀྲང་ཆན་ནི་ཧན་ནུབ་མའི་དུས་སྐབས་ཀྱི་མིང་དུ་གྲགས་པའི་ཕྱི་འབྲེལ་མཁན་པོ་དང་སྨྱུལ་དཔྱད་པ་ཡིན་ལ། དར་གོས་ཚོང་ལམ་ཞེས་པ་གསར་འབྱེད་བྱེད་མཁན་ཡང་ཡིན། ངག་རྒྱུན་ལྟར་ན། ནུབ་ཕྱོགས་ཀྱི་རིག་གནས་དང་ཚན་རིག་ལག་རྩལ། ལོ་ཏོག་སོགས་ནི་ཁོང་གིས་ནང་ལོགས་སུ་ནང་འདྲེན་བྱས་པ་ཡིན་པས། ཁོང་གིས་ཕྱི་འབྲེལ་ལག་ལེན་གྱིས་ཀྲུང་གོ་དང་འཛམ་གླིང་ཐོག་གི་ཕུལ་དུ་བྱུང་བའི་གནའ་རབས་ཀྱི་རིག་གནས་མཉམ་འདྲེས་འབྱུང་བར་དགེ་མཚན་ཐོན་ཡོད།

张骞 ཀྲང་ཆན།

张骞出使西域
ཀྲང་ཆན་ནུབ་ཁུལ་དུ་བསྐྱོད་པ།

司马迁

司马迁是我国西汉时期伟大的史学家、思想家、文学家。他的《史记》记载了从黄帝至汉武帝三千多年的历史，是二十四史的第一部，对后代产生了深远的影响。

སི་མ་ཆན།

སི་མ་ཆན་ནི་རང་རྒྱལ་གྱི་ཧན་ནུབ་མའི་དུས་སུ་འཁྲུངས་པའི་ལྷབས་ཆེན་གྱི་ལོ་རྒྱུས་སྨྲ་བ་དང་བསམ་བློ་པ། རྩོམ་རིག་པ་བཅས་ཡིན། ཁོང་གིས་བརྩམས་པའི《ཧྲི་ཅི་དེབ་ཐེར》ནང་དུ་ཧོང་ཏི་ནས་ཧན་ཝུའུ་ཏི་བར་གྱི་ལོ་ཙོ3000ལྷག་གི་ལོ་རྒྱུས་ཞིབ་འབྲི་བྱས་ཡོད། དེ་ནི་ལོ་རྒྱུས་ཉེར་བཞིའི་ཁྲོད་ཀྱི་ཐོག་མ་དེ་ཡིན། མི་རབས་རྗེས་མ་ལ་ཤུགས་རྐྱེན་ཟབ་མོ་ཐེབས་ཡོད།

司马迁 སི་མ་ཆན།

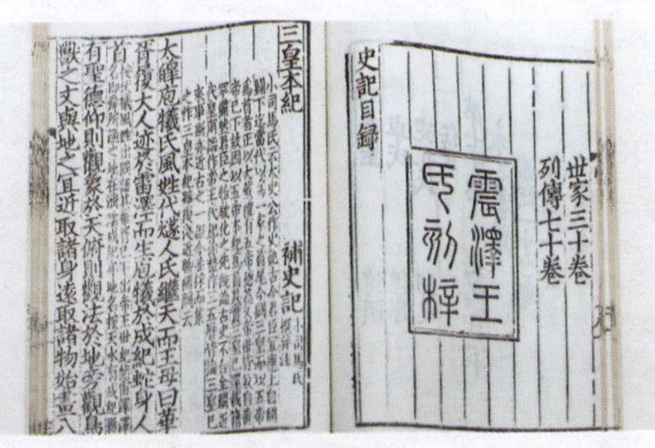

《史记》 《ཧྲི་ཅི་དེབ་ཐེར》

西施

西施是中国古代四大美女之首，是美的化身和代名词。“闭月羞花之貌，沉鱼落雁之容”中的“沉鱼”，描述的就是西施浣纱的经典传说。

ཞི་ཧྲི།

མཛེས་མ་ཞི་ཧྲི་ནི་ཀྲུང་གོའི་གནའ་རབས་ཀྱི་མཛེས་མ་གྲགས་ཆེན་བཞིའི་གཙུག་རྒྱན་ཡིན་ལ། མཛེས་པའི་མཚོན་བྱེད་ཀྱང་ཡིན། ཟླ་བ་སྐྱིངས་ནས་སྤྲིན་ནང་གབ་པའི་མཛེས་གཟུགས། །ཉ་མོ་ཆུ་བྱིང་བྱ་ཡོང་ས་ལྷུང་ཞལ་རས། །ཞེས་པའི་ཁྲོད་ཀྱི་ཉ་མོ་ཆུ་བྱིང་ནི་མཛེས་མ་ཞི་ཧྲི་ཞིབ་འབྲི་བྱས་པའི་གཏམ་རྒྱུད་གྲགས་ཅན་དེའོ།།

西施　ཞི་ཧྲི།

西施殿　ཞི་ཧྲིའི་བཞུགས་གནས།

王昭君

王昭君是中国古代四大美女之一的“落雁”。昭君出塞的故事千古流传，她的和亲使汉朝和匈奴两家保持了友好和睦的关系。

ཝང་ཀྲའོ་ཅུན།

ཝང་ཀྲའོ་ཅུན་ནི་ཀྲུང་གོའི་གནའ་རབས་ཀྱི་མཛེས་མ་བཞིའི་གྲས་ཀྱི་གཅིག་ཡིན་ལ། ཝང་ཀྲའོ་ཅུན་བག་མར་འགྲོ་ཁར་རྒྱལ་པོས་སྐྱེལ་མ་ཞུས་པའི་ངག་རྒྱུན་ནི་བསྐལ་པ་ཇི་སྲིད་བར་དུ་བསྒགས་པའི་གཏམ་རྒྱུད་ཅིག་ཏུ་གྱུར་ཡོད། ཁོ་མོ་བག་མར་ཕེབས་པས་ཧན་རྒྱལ་རབས་དང་ཞུང་ནུའུ་ཕན་ཚུན་བར་དུ་མཛའ་མཐུན་གྱི་འབྲེལ་བ་རྒྱུན་འཁྱོངས་ཐུབ་སོང་།

王昭君　ཝང་ཀྲའོ་ཅུན།

青冢　ཚིན་ཀྲུང་།

蔡伦

造纸术被列为中国古代四大发明之一，经蔡伦改进之后，纸才成为人们普遍使用的书写材料。蔡伦对人类文化的传播和世界文明的进步做出了杰出贡献。千百年来蔡伦备受尊崇，人称“纸神”。

ཚའི་ལུང་།

ཤོག་བུ་བཟོ་རྩལ་ནི་ཀྲུང་གོའི་གནའ་རབས་ཀྱི་གསར་གཏོད་ཆེན་པོ་བཞིའི་གྲས་སུ་གཏོགས། ཚའི་ལུང་གིས་བཟོ་བཅོས་བྱས་རྗེས་ཤོག་བུ་ནི་སྤྱོད་སྒོ་ཆེ་བའི་ཡིག་འབྲི་རྒྱུ་ཆར་གྱུར། དེས་མིའི་རིགས་ཀྱི་རིག་གནས་ཁྱབ་སྤེལ་དང་འཛམ་གླིང་གི་ཤེས་རིག་ཡར་ཐོན་ཡོང་བར་བྱས་རྗེས་མི་དམན་པ་བཞག་ཡོད་པས། མི་རྣམས་ཀྱིས་ལོ་ངོ་སྟོང་ཕྲག་མང་པོའི་རིང་ལ་དད་གུས་ཚད་མེད་བྱེད་ཅིང་ཤོག་ལྷ་ཞེས་འབོད།

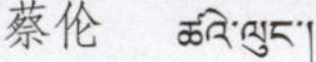

蔡伦　ཚའི་ལུང་།

蔡伦造纸术　ཚའི་ལུང་གི་ཤོག་བུ་བཟོ་རྩལ།

华佗

华佗，字元化，是东汉末年著名的医学家，行医足迹遍布大江南北。他医术全面，尤其擅长外科，精于手术，被后人称为“外科圣手”。后人常以“华佗再世”“元化重生”称誉医术精湛的医师。

ཧྭ་ཐུའོ།

ཧྭ་ཐུའོ་ཡི་མིང་རྟགས་ལ་ཡོན་ཧྭ་ཞེས་ཟེར་ཞིང་། ཧན་ཤར་མའི་དུས་མཇུག་གི་སྐད་གྲགས་ཆེ་བའི་གསོ་རིག་མཁན་པོ་ཞིག་ཡིན། གསོ་རིག་སྨན་བཅོས་ཀྱི་ཞབས་རྗེས་ནི་ཡུལ་གྲུ་སོ་སོར་ཁྱབ་ཡོད། ཁོང་ནི་སྨན་བཅོས་ལག་རྩལ་མཁས་པ་ཞིག་ཡིན་ཞིང་ཁྱད་པར་དུ་ཕྱི་ནད་གཤགས་བཅོས་ལ་ནང་བྱན་ཆུད་པ་ཞིག་ཡིན་པས། མི་རབས་རྗེས་མས་ཁོང་ལ་ཕྱི་ནད་སློབ་དཔོན་ཞེས་འབོད་པ་ཡིན། རྗེས་སུ་མི་རྣམས་ཀྱིས་རྒྱུན་དུ་ཧྭ་ཐུའོ་ཡང་སྤྲུལ་ཞེས་དང་ཡོན་ཧྭ་སླར་གསོས་ཞེས་ཟེར་དུས། སྨན་པ་གང་ཞིག་གི་སྨན་བཅོས་ལག་རྩལ་རྩེར་སོན་པར་གཟིངས་བསྟོད་བྱེད་པ་ཡིན་ནོ།།

华佗 ཧྭ་ཐུའོ།

刮骨疗伤 དུས་པའི་རྨ་བཅོས།

张仲景

“医圣”张仲景是东汉末年著名的医学家，他的传世巨著《伤寒杂病论》是中医临床的基本原则，也是中国医学史上影响最大的著作之一，是后人研习中医必备的经典著作。

ཀྲང་ཀྲུང་ཅིན།

ཁྱད་དུ་འཕགས་པའི་སྨན་པ་ཀྲང་ཀྲུང་ཅིན་ནི་ཧན་ཤར་མའི་དུས་མཇུག་གི་མིང་དུ་གྲགས་པའི་གསོ་རིག་མཁན་པོ་ཞིག་ཡིན། ཁོང་གིས་བརྩམས་ཆོས་གྲགས་ཅན《ཚ་ནད་སྣ་བརྒྱ་སྨྲ་བ》ཞེས་པ་ནི་ཀྲུང་ལུགས་ནད་ཐོག་གི་རྩ་དོན་ཡིན། དེ་ནི་ཀྲུང་ལུགས་གསོ་རིག་ལོ་རྒྱུས་སྟེང་གི་བརྩམས་ཆོས་གྲགས་ཅན་ཞིག་ཡིན་པ་དང་། རྗེས་རབས་པའི་ཀྲུང་ལུགས་གསོ་རིག་ལ་ཞིབ་འཇུག་དང་སློབ་སྦྱོང་བྱེད་པར་མེད་དུ་མི་རུང་བའི་བརྩམས་ཆོས་གྲགས་ཅན་ཞིག་ཀྱང་ཡིན་ནོ།།

张仲景　ཀྲང་ཀྲུང་ཅིན།

《伤寒杂病论》

《ཚ་ནད་སྣ་བརྒྱ་སྨྲ་བ》

曹操

曹操是东汉杰出的政治家、军事家、文学家、书法家，三国中曹魏政权的奠基人。曹操在诗歌、散文等方面的文学成就很高。

ཚའོ་ཚའོ།

ཚའོ་ཚའོ་ནི་ཧན་ཤར་མའི་སྐབས་ཆེ་བའི་ཆབ་སྲིད་པ་དང་དམག་དོན་པ། རྩོམ་རིག་མཁན་པོ། ཡིག་གཟུགས་མཁན་པོ་བཅས་ཡིན། རྒྱལ་ཁབ་གསུམ་གྱི་དུས་སྐབས་ཀྱི་ཝེ་སྲིད་དབང་གི་རྨང་འདིང་མཁན་ཡིན་ལ། ཁོང་གིས་སྙན་ངག་དང་ལྷུག་རྩོམ་སོགས་ཀྱི་ཐད་ནས་བྱས་རྗེས་བླ་ན་མེད་པ་བཞག་ཡོད།

曹操　ཚའོ་ཚའོ།

《曹操集》

《ཚའོ་ཚའོ་ཡི་གསུང་རྩོམ་ཕྱོགས་བསྒྲིགས》

周瑜

东汉末年东吴名将周瑜精通军事，他指挥了著名的赤壁之战，以火攻击败了曹操的军队，由此奠定了“三分天下”的基础。

ཀྲོའུ་ཡུས།

ཧན་ཤར་མའི་དུས་མཇུག་གི་ཤུའུ་ཤར་མའི་དམག་དཔོན་ཀྲོའུ་ཡུས་ནི་དམག་དོན་ལ་བྱང་ཆུབ་པ་ཞིག་ཡིན། ཁོང་གི་སྐད་གྲགས་ཆེ་བའི་ཁྲི་པི་དམག་འཐབ་བཀོད་འདོམས་བྱས་ཏེ། མེ་དཔུང་གིས་ཚའོ་ཚའོ་ཡི་དམག་དཔུང་ཕམ་པར་བྱས་ནས་གནམ་འོག་ཕྱེད་ཀ་གསུམ་ཞེས་པའི་ཡ་གྱལ་དུ་འགྱུར་བར་རྨང་གཞི་བཏིང་བ་ཡིན།

火烧赤壁　ཁྲི་པི་མེར་བསྲེགས།

周瑜　ཀྲོའུ་ཡུས།

魏
WEI
蜀
SHU
吴

诸葛亮

三国时期蜀汉的丞相，杰出的政治家、军事家、文学家诸葛亮，被刘备“三顾茅庐”请出，辅佐刘备建立蜀汉。诸葛亮的代表作有《出师表》《诫子书》等。

ཀྲུའུ་ཀེ་ལེང་།

ཀྲུའུ་ཀེ་ལེང་ནི་རྒྱལ་ཁབ་གསུམ་གྱི་དུས་སྐབས་སུ་ཧྲུའུ་ཧན་གྱི་བློན་ཆེན་དང་། སྐད་གྲགས་ཆེ་བའི་ཆབ་སྲིད་པ་དང་དམག་དོན་པ། རྩོམ་རིག་མཁན་པོ་བཅས་ཡིན། ཁོང་ནི་ལེའུ་པེས་གདན་འདྲེན་ཐེངས་གསུམ་བྱས་མཐར་ཧྲུའུ་ཧན་རྒྱལ་ཁབ་འཛུགས་རོགས་སུ་ཕེབས། ཁོང་གི་ཚབ་མཚོན་བརྩམས་ཆོས་ནི《གཡུལ་ཞུགས་ཡི་གེ》དང《བུ་སློང་དཔེ་ཆ》སོགས་ཡིན།

诸葛亮　ཀྲུའུ་ཀེ་ལེང་།

《出师表》　《གཡུལ་ཞུགས་ཡི་གེ》

永和九年

王羲之

东晋书法家王羲之有“书圣”之称，他的笔墨章法古今第一，其代表作《兰亭序》名震千古，受到不少帝王及文人墨客的崇拜和学习，其书法影响了一代又一代书法爱好者。

ཝང་ཞི་ཀྲི།

ཅིན་ཤར་མའི་ཡིག་གཟུགས་མཁན་པོ་ཝང་ཞི་ཀྲི་ལ་ཁྱད་དུ་འཕགས་པའི་ཡིག་གཟུགས་མཁན་པོ་ཞེས་འབོད་པ་དང་། ཁོང་གི་ཡིག་གཟུགས་འདྲི་སྟངས་ནི་གནའ་ནས་ད་བར་ཡང་རྩེར་སོན་ཞིང་། ཁོང་གི་ཚབ་མཚོན་བརྩམས་ཆོས《བསིལ་ཁང་སྟོན་པོའི་སླེང་གཞི》སྙན་གྲགས་ཤིན་ཏུ་ཆེ་བས། ཡིག་གཟུགས་འབྲི་བར་དགའ་བའི་གོང་མ་དང་མཁས་པ་མང་པོའི་དད་གུས་དང་སློབ་སྦྱོང་བྱེད་ཡུལ་དུ་གྱུར་ཡོད་པར་མ་ཟད། ཁོང་གི་ཡིག་གཟུགས་ཀྱིས་མི་རབས་མང་པོའི་ཡིག་གཟུགས་འབྲི་མཁན་རྣམས་ལ་ཤུགས་རྐྱེན་ཟབ་མོ་བཞག་ཡོད།

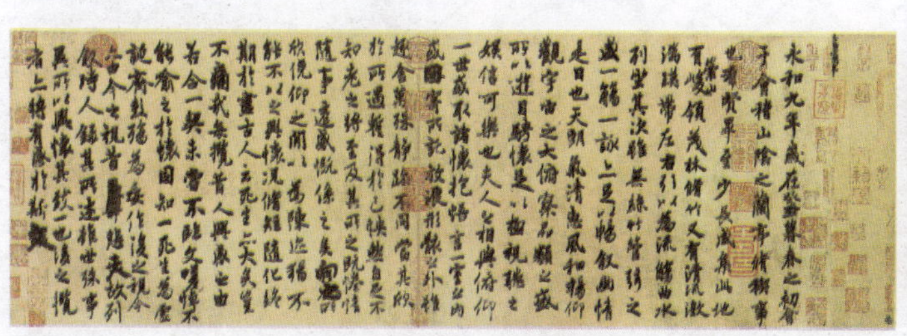

《兰亭序》 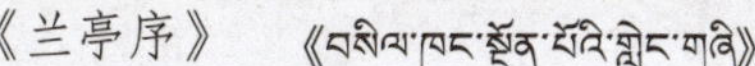
《བསིལ་ཁང་སྟོན་པོའི་སླེང་གཞི》

王羲之 ཝང་ཞི་ཀྲི།

陶渊明

陶渊明，是东晋著名的田园诗人。其固守寒庐、寄意田园的人生哲学，充分体现了中国文人冲淡渺远、恬静自然的生活风格。代表作有《桃花源记》《归园田居》等。

ཐའོ་ཡོན་མིན།

ཐའོ་ཡོན་མིན་ནི་ཅིན་ཤར་མའི་དུས་སྐབས་ཀྱི་ཞིང་གྲོང་གི་སྙན་ངག་པ་གྲགས་ཅན་ཞིག་ཡིན། ཁོང་ནི་སྤྱིལ་བུ་དཀྱུས་མ་རྟག་ཏུ་སྲུང་བ་དང་ཞིང་ལས་བརྟེན་པར་འཚོ་བའི་མི་ཚེའི་ལྟ་བ་སྲུང་མཁན་ཞིག་ཡིན་པས། ཀྲུང་གོའི་རིག་གནས་པའི་ཡོད་ཚད་བཏང་སྙོམས་སུ་སྡོམ་པ་དང་རང་བྱུང་གི་འཚོ་བར་དགའ་ཞིང་ཆགས་པའི་ཉམས་འགྱུར་ཡོངས་སུ་མཚོན་ཡོད། ཚབ་མཚོན་བརྩམས་ཆོས་ལ《ཐའོ་ཧྭ་ཡོན་དུ་བསྐྱོད་པ》དང《ཚལ་ཞིང་གི་གནས་ལ་ལོག་པ》སོགས་ཡོད།

陶渊明　ཐའོ་ཡོན་མིན།

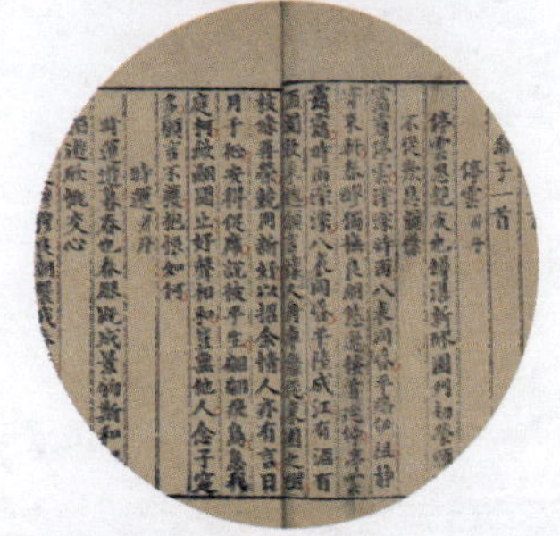
《陶渊明集》
《ཐའོ་ཡོན་མིན་གྱི་གསུང་རྩོམ་ཕྱོགས་བསྒྲིགས》

花木兰

花木兰是中国南北朝时期一位传奇色彩极浓的巾帼英雄，她代父出征，抗击柔然，被追封为孝烈将军。她勇敢又纯朴，千百年来深受中国人的尊敬。

ཧྭ་མུའུ་ལན།

ཧྭ་མུའུ་ལན་ནི་ཀྲུང་གོའི་ལྷོ་བྱང་རྒྱལ་རབས་ཀྱི་དུས་སྐབས་སུ་འཁྲུངས་པའི་གཏམ་རྒྱུད་ངོ་མཚར་ཅན་གྱི་དཔའ་མོ་ཞིག་ཡིན། ཁོ་མོ་ཡབ་ཆེན་གྱི་ཚབ་བྱས་ནས་གཡུལ་སར་སྐྱོད་པ་དང་དགྲ་བོར་འགོག་རྒོལ་བྱས་པས། ཞའོ་ལེ་དམག་དཔོན་ཞེས་པའི་གཤེགས་རྗེས་མཚན་གནས་གནང་། མོ་ནི་དཔའ་ངར་ཆེ་ཞིང་གཞུང་རྒྱུད་དྲང་བས་ལོ་ངོ་སྟོང་ཕྲག་རིང་ལ་ཀྲུང་གོ་མིས་བརྩི་བཀུར་ཐོབ།

花木兰　ཧྭ་མུའུ་ལན།

木兰祠　མུའུ་ལན་མཆོད་ཁང་།

祖冲之

祖冲之，是我国南北朝时期杰出的数学家、天文学家。他的主要贡献体现在数学、天文历法和机械制造三个方面。他首次将“圆周率”精确到小数点后第七位，他提出的“祖率”对数学的研究有重大贡献。

ཙུའུ་ཁྲུང་ཀྲི།

ཙུའུ་ཁྲུང་ཀྲི་ནི་རང་རྒྱལ་ལྷོ་བྱང་རྒྱལ་རབས་དུས་སྐབས་ཀྱི་ཕུལ་དུ་བྱུང་བའི་གྲངས་རིག་མཁན་པོ་དང་གནམ་དཔྱད་རིག་པའི་མཁན་པོ་ཞིག་ཡིན། ཁོང་གི་བྱས་རྗེས་གཙོ་བོ་ནི་གྲངས་རིག་དང་གནམ་དཔྱད་སྐར་རྩིས། འཕྲུལ་ཆས་བཟོ་སྐྲུན་བཅས་ཕྱོགས་གསུམ་གྱི་ཐད་ནས་མཚོན་ཡོད། ཁོང་གིས་ཐོག་མར་སྒོར་མཐའི་ཕྱོད་ཅེས་པ་གྲངས་ཚུང་བདུན་བར་དུ་དེད་པ་དང་། ཁོང་གིས་བཏོན་པའི་སྒོར་མཐའི་ཕྱོད་ཀྱིས་རྩིས་རིག་ཞིབ་འཇུག་ཐད་ལ་བྱས་རྗེས་གལ་ཆེན་བཞག་ཡོད།

祖冲之　ཙུའུ་ཁྲུང་ཀྲི།

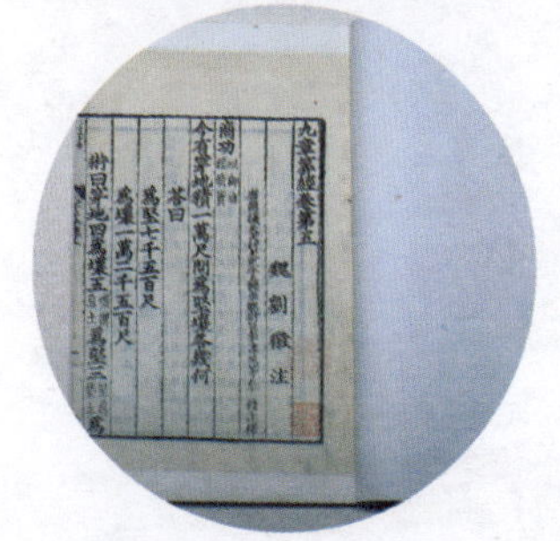

《九章算术》　《རྩིས་རིག་ལེའུ་དགུ་ཅན》

孙思邈

孙思邈，人称“药王”或“药圣”。他的《千金要方》和《千金翼方》影响极大，上承汉魏，下接宋元，被誉为我国古代的医学百科全书。

སུན་སི་མྱའོ།

ཁོང་ལ་མི་རྣམས་ཀྱིས་སྨན་གྱི་རྒྱལ་པོའམ་ཁྱད་དུ་འཕགས་པའི་སྨན་པ་ཞེས་བསྔགས་བརྗོད་བྱེད། ཁོང་གི《སྟོང་ཐབས་ཀུན་འདུས》དང《ལག་ལེན་ཀུན་འདུས》ཞེས་པའི་སྨན་གཞུང་འདི་གཉིས་ཤིན་ཏུ་སྐད་གྲགས་ཆེ་བ་དང་། ཧན་ཝེ་དུས་སྐབས་དང་སུང་ཡོན་དུས་སྐབས་གཉིས་ཀར་འབྲེལ་ཞིང་མཐུད་པས། རང་རྒྱལ་གྱི་གནའ་རབས་ཀྱི་གསོ་རིག་ཀུན་བཏུས་ཞེས་བསྟོད་བསྔགས་བྱེད་དོ།།

孙思邈　སུན་སི་མྱའོ།

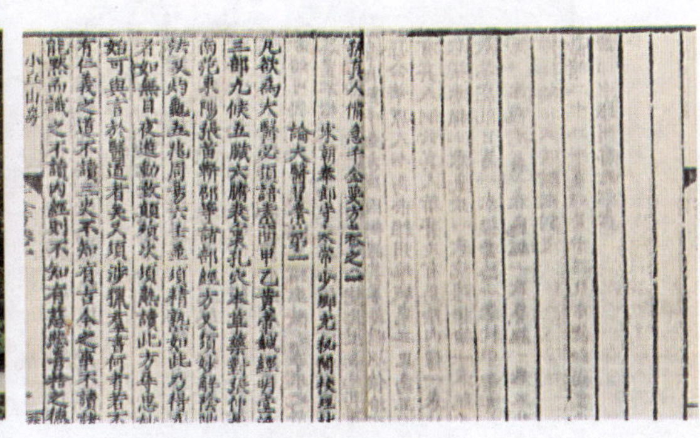
《千金要方》　《སྟོང་ཐབས་ཀུན་འདུས》

孟浩然

唐代诗人孟浩然被誉为“诗杰”，是田园隐逸派和山水行旅派代表人物。他的诗清淡自然，以五言古诗见长，《春晓》是其代表作。

མེང་ཧའོ་རན།

ཐང་རྒྱལ་རབས་ཀྱི་སྙན་ངག་པ་མེང་ཧའོ་རན་ལ་སྙན་ངག་མཁན་པོ་ཞེས་བསྔོད་བསྔགས་བྱེད་ཅིང་། ཁོང་ནི་ཞིང་སྡེའི་དབེན་གནས་དང་རི་ཆུ་སྤྱུལ་བའི་ཚབ་མཚོན་རང་བཞིན་གྱི་སྙན་ངག་པ་ཡིན། ཁོང་གི་སྙན་ངག་ལ་གོ་སླ་ཞིང་ངག་ལ་གྱེར་བདེ་བའི་ཁྱད་ཆོས་མངོན་པ་དང་། སྙན་ངག་ཚིག་བར་ལྔ་ཅན་མང་དུ་མཐོང་། 《དཔྱིད་ཀྱི་སྐྱ་རེངས》ནི་ཁོང་གི་ཚབ་མཚོན་རང་བཞིན་གྱི་བརྩམས་ཆོས་ཡིན།

孟浩然
མེང་ཧའོ་རན།

《孟浩然集》
《མེང་ཧའོ་རན་གྱི་གསུང་རྩོམ་ཕྱོགས་བསྒྲིགས》

王维

王维是唐朝著名诗人、画家，他精通诗、书、画、音乐等，以诗名盛于世，他创作的书画作品很有诗意，代表作有《相思》《山居秋暝》等。后人把他称为“山水画南宗之祖”。

ཝང་ཝེ།

ཝང་ཝེ་ནི་ཐང་རྒྱལ་རབས་ཀྱི་སྙན་ངག་པ་དང་རི་མོ་པ་གྲགས་ཅན་ཞིག་ཡིན། ཁོང་ནི་སྙན་ངག་དང་རྩོམ་འབྲི། རི་མོ། རོལ་དབྱངས་སོགས་ལ་མཁས། དེ་དག་ལས་སྐད་གྲགས་ཆེ་བ་ནི་ཁོང་གི་སྙན་ངག་ཡིན། ཁོང་གི་གསར་རྩོམ་གནང་བའི་ཡིག་རིས་བཀྲམས་ཆོས་ལ་སྙན་ངག་གིས་ཁྱབ་པ་རེད། ཚབ་མཚོན་བརྩམས་ཆོས་ནི《ཕན་ཚུན་དྲན་པའི་འབྲས་བུ》དང《རི་ཁྲོད་ཀྱི་སྟོན་ཁའི་མཚན་ལྷོངས》སོགས་ཡིན། མི་རྣམས་ཀྱིས་ཁོང་ལ་ལྷོ་ཕྱོགས་རི་ཀླུང་རི་མོའི་མེས་པོ་ཞེས་འབོད།

王维 ཝང་ཝེ།

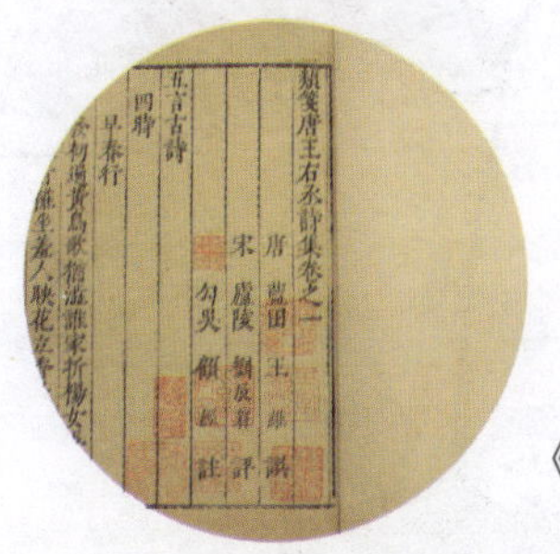

《王右丞集》
《ཝང་ཡིའུ་ཁྲིན་གྱི་གསུང་རྩོམ་ཕྱོགས་བསྒྲིགས》

李白

唐朝诗人李白，世称“诗仙”，是唐代浪漫主义诗歌最高峰的代表。他喜欢饮酒作诗，代表作有《望庐山瀑布》《静夜思》等。

ལི་པའེ།

ལི་པའེ་ནི་ཐང་རྒྱལ་རབས་སྐབས་ཀྱི་སྙན་ངག་པ་ཞིག་ཡིན། མི་རྣམས་ཀྱིས་ཁོང་ལ་སྙན་ངག་གི་ལྷ་ཞེས་འབོད་ཅིང་། ཐང་རྒྱལ་རབས་ཀྱི་ཆེས་མིང་དུ་གྲགས་པའི་འཆར་ཡན་རིང་ལུགས་ཀྱི་སྙན་ངག་གི་ཚབ་མཚོན་པ་ཡིན། ཁོང་ནི་ཆང་འཐུང་ཞོར་སྙན་ངག་འབྲི་རྒྱུར་དགའ། ཚབ་མཚོན་བརྩམས་ཆོས་ནི《ལུའུ་ཧྲན་རི་བོའི་ཐབ་ཆུ་ལ་བལྟས་པ》དང《ཐྲིང་འཛགས་མཚན་མོའི་འཆར་སྣང》སོགས་ཡིན།

李白　ལི་པའེ།

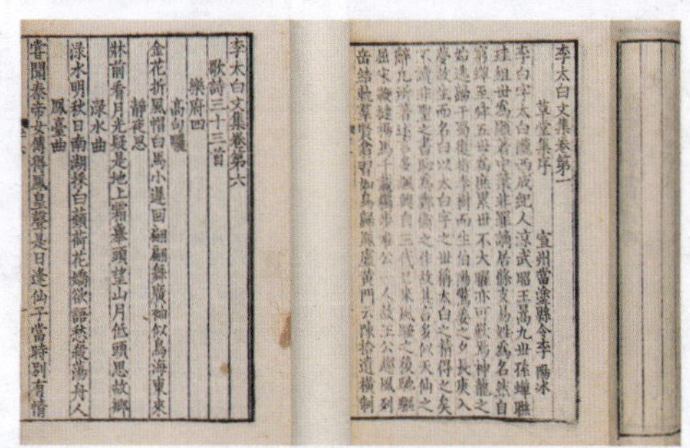

李太白文集卷第六
歌詩三十三首
樂府四
高句驪
金花折風帽白馬小遲回翩翩舞廣袖似鳥海東來
靜夜思
牀前看月光疑是地上霜舉頭望山月低頭思故鄉
淥水曲
淥水明秋日南湖採白蘋荷花嬌欲語愁殺蕩舟人
鳳臺曲
嘗聞秦帝女傳得鳳凰聲是日逢仙子當時別有情

李太白文集卷第一
草堂集序　宣州當塗縣令李陽冰
李白字太白隴西成紀人涼武昭王暠九世孫蟬聯
珪組世為顯著中葉非罪謫居條支易姓為名然自
窮蟬至舜五世為庶累世不大曜亦可歎焉神龍之
始逃歸于蜀復指李樹而生伯陽驚姜之夕長庚入
夢故生而名白以太白字之世稱太白之精得之矣
不讀非聖之書恥為鄭衛之作故其言多似天仙之
辭凡所著述言多諷興自三代已來風騷之後馳驅
屈宋鞭撻揚馬千載獨步唯公一人故王公趨風列
岳結軌群賢翕習如鳥歸鳳盧黃門云陳拾遺橫制

《李太白集》　《ལི་ཐའེ་པའེ་ཡི་གསུང་རྩོམ་ཕྱོགས་བསྒྲིགས》

月落烏啼霜滿天
江楓漁火對愁眠
姑蘇城外
夜半鐘聲到客船

颜真卿

颜真卿是唐代著名的书法家，他师从张旭，创造的颜体楷书端庄雄伟，对后世影响很大，是我国著名的楷书四大家之一。

ཡན་ཀྲེན་ཆིན།

ཡན་ཀྲེན་ཆིན་ནི་ཐང་རྒྱལ་རབས་ཀྱི་ཕྱུལ་དུ་བྱུང་བའི་ཡིག་གཟུགས་མཁན་པོ་ཡིན་ཞིང་། ཀྲང་ཞིའུ་སློབ་དཔོན་དུ་བསྟེན་ནས་ཡིག་གཟུགས་སྦྱངས། ཁོང་གིས་གསར་གཏོད་བྱས་པའི་ཡན་ཐེ་དབུ་ཅན་ཡིག་གཟུགས་ནི་ལྷུན་ཆགས་ཤིང་བརྗིད་ཆེའི་ཁྱད་ཆོས་ལྡན་པས། རྗེས་རབས་པར་ཤུགས་རྐྱེན་ཟབ་མོ་ཐེབས་ཡོད། ཁོང་ནི་རང་རྒྱལ་གྱི་སྐད་གྲགས་ཆེ་བའི་དབུ་ཅན་ཡིག་གཟུགས་འབྲི་མཁན་ཆེན་པོའི་བཞི་ཡི་གྲས་ཡིན།

颜真卿 ཡན་ཀྲེན་ཆིན།

霜滿天江
楓漁火對
愁眠姑蘇
城外寒山

颜真卿书法作品

《ཡན་ཀྲེན་ཆིན་གྱི་ཡིག་གཟུགས་བརྩམས་ཆོས》

杜甫

“诗圣”杜甫是唐代伟大的现实主义诗人，他创作了《三吏》《三别》等名作，对中国文学和日本文学都产生了深远的影响。

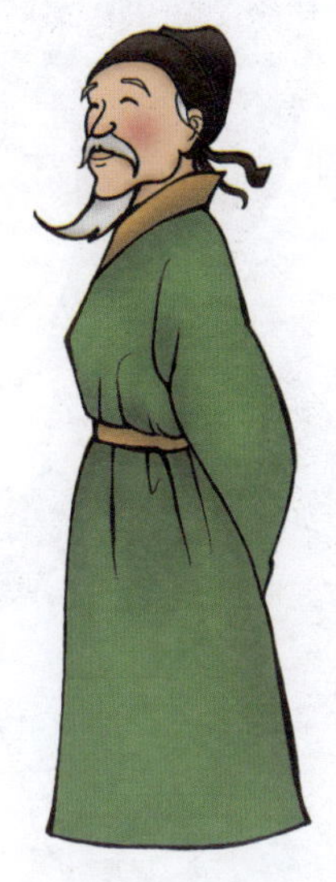

ཏུའུ་ཧྥུ།

ཁྱད་དུ་འཕགས་པའི་སྙན་ངག་པ་ཏུའུ་ཧྥུ་ནི་ཐང་རྒྱལ་རབས་ཀྱི་རྣམ་ཆེ་བའི་དངོས་ཡོད་རིང་ལུགས་ཀྱི་སྙན་ངག་པ་གྲགས་ཅན་ཞིག་ཡིན། ཁོང་གིས《མངག་བློན་གསུམ》དང《ཐེངས་གསུམ་གྱེས་པ》སོགས་བརྩམས་ཆོས་གྲགས་ཅན་མང་པོ་མཛད། ཀྲུང་གོ་དང་འཇར་པན་གྱི་རྩོམ་རིག་ལ་ཤུགས་རྐྱེན་ཟབ་མོ་བཞག་གོ།

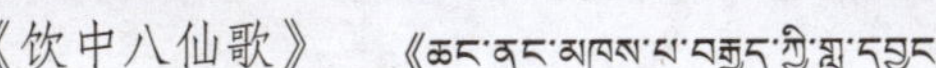

《饮中八仙歌》 《ཆང་ནང་མཁས་པ་བརྒྱད་ཀྱི་གླུ་དབྱངས》

杜甫 ཏུའུ་ཧྥུ།

白居易

白居易是唐代伟大的现实主义诗人，有“诗魔”和“诗王”之称。他的诗歌题材广泛，形式多样，语言平易通俗。

པའེ་ཅུས་དབྱི།

པའེ་ཅུས་དབྱི་ནི་ཐང་རྒྱལ་རབས་ཀྱི་རླབས་ཆེ་བའི་དངོས་ཡོད་རིང་ལུགས་ཀྱི་སྙན་ངག་པ་ཞིག་ཡིན། སྙན་ངག་གི་སྲིན་པོ་དང་སྙན་ངག་གི་རྒྱལ་པོ་ཞེས་འབོད། ཁོང་གི་སྙན་ངག་གི་བརྗོད་གཞི་རྒྱ་ཆེ་ཞིང་རྣམ་པ་འདྲ་མིན་སྣ་ཚོགས་ཡོད་ལ། ད་དུང་ཚིག་སྦྱོར་བབ་ཆགས་ཤིང་གོ་བདེ་བའི་ཁྱད་ཆོས་ལྡན་ནོ།།

白居易　པའེ་ཅུས་དབྱི།

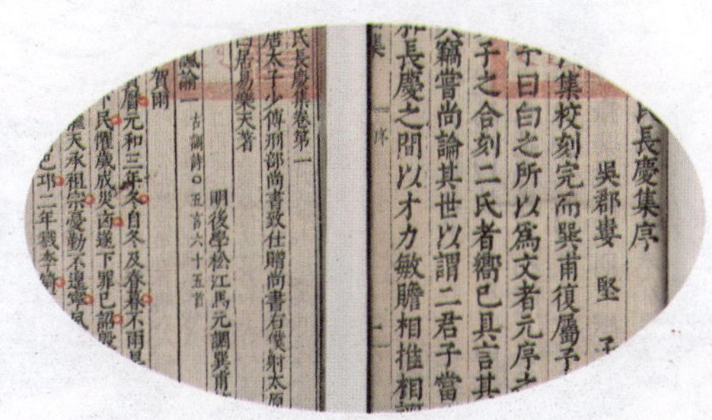

《白氏长庆集》　《པའེ་ཧྲི་ཁྲང་ཆིན་གྱི་གསུང་རྩོམ་ཕྱོགས་བསྒྲིགས》

包拯

北宋名臣包拯，廉洁公正，铁面无私，不依附权贵且英明决断，敢于替老百姓申不平，故有“包公”之名。由于民间传其黑面形象，也被称为“包青天”。

པའོ་ཀྲེང་།

སུང་བྱང་མའི་དུས་ཀྱི་བློན་པོ་སྐད་གྲགས་ཅན་པའོ་ཀྲེང་ནི་སྤྱོད་པ་གཙང་ཞིང་དྲང་བཞག་ལྡན་པ་དང་། ཉེ་རིང་ཕྱོགས་ལྷུང་མེད་པ། དབང་ལྡན་སྐུ་དྲག་ལ་མི་སྐྲག་པ། རྟུས་ཐག་གཅོད་པར་མཁས་མཛངས་ལྡན་པ། མི་སེར་གྱི་ཚབ་ཏུ་བདེན་པར་རྒྱབ་སྐྱོར་བྱེད་ཐུབ་པ་ཞིག་ཡིན་པས། མི་རྣམས་ཀྱིས་པའོ་ཀུང་ཞེས་མཚན་བཟང་གསོལ། དེ་ཡང་དམངས་ཁྲོད་ཀྱི་ངག་རྒྱུན་དུ་ཞལ་ནག་པོའི་སྣང་བརྙན་ཡིན་པས་པའོ་ཆིན་ཐེན་ཞེས་གྲགས།

包拯　པའོ་ཀྲེང་།

毕昇

毕昇发明了活字印刷术。活字印刷术是中国古代四大发明之一，后传遍全世界，不仅增加了书籍数量，也丰富了百姓的精神生活。

པུས་ཧྲིན།

པུས་ཧྲིན་གྱིས་འབྲུ་སྒྲིག་པར་འདེབས་ལག་རྩལ་གསར་གཏོད་མཛད། འབྲུ་སྒྲིག་པར་འདེབས་ལག་རྩལ་ནི་ཀྲུང་གོའི་གནའ་རབས་ཀྱི་གསར་གཏོད་ཆེན་པོ་བཞིའི་ཡ་གྱལ་ཡིན་ཞིང་། རྗེས་སུ་འཛམ་གླིང་གི་ཡུལ་གྲུ་ཀུན་ཏུ་ཁྱབ་སྟེ་དཔེ་ཆའི་གྲངས་འབོར་ཇེ་མང་དུ་སོང་བར་མ་ཟད། མི་སེར་གྱི་བསམ་པའི་འཚོ་བའང་ཕུན་སུམ་ཇེ་ཚོགས་སུ་བཏང་།

毕昇　པུས་ཧྲིན།

活字印刷术

འབྲུ་སྒྲིག་པར་འདེབས་ལག་རྩལ།

司马光

宋代名臣司马光，幼时聪慧过人，“砸缸救人”震惊旁人。后来，入朝为官，主持编纂了中国历史上第一部编年体通史《资治通鉴》，这部巨著在中国史书中占有极其重要的地位。

སི་མ་ཀོང་།

སུང་རྒྱལ་རབས་ཀྱི་བློན་པོ་གྲགས་ཅན་སི་མ་ཀོང་ནི་ཆུང་དུས་ནས་བློ་རིག་འགྲན་ཟླ་བྲལ་བ་ཞིག་ཡིན། ཛ་སྣོད་བཅགས་ནས་མི་སྐྱབས་པའི་གཏམ་རྒྱུད་ཀྱིས་མི་རྣམས་ཧ་ལས་སུ་བཅུག ཇེས་སུ་སྲིད་དུ་ཞུགས་ཏེ་དཔོན་གནས་འགན་བཞེས། སི་མ་ཀོང་གིས་ཀྲུང་གོའི་ལོ་རྒྱུས་སྟེང་གི་ལོ་ཚིགས་བསྟར་བའི་དེབ་ཐེར་ཐོག་མ《སྲིད་སྐྱོང་ཀུན་གསལ་མེ་ལོང》ཞེས་པ་རྩོམ་སྒྲིག་གཙོ་སྐྱོང་གནང་། བརྩམས་ཆོས་གྲགས་ཅན་འདིས་ཀྲུང་གོའི་ལོ་རྒྱུས་དེབ་ཐེར་ཁྲོད་དུ་གོ་གནས་ཧ་ཅང་གལ་ཆེན་ཞིག་བཟུང་ཡོད།

司马光　སི་མ་ཀོང་།

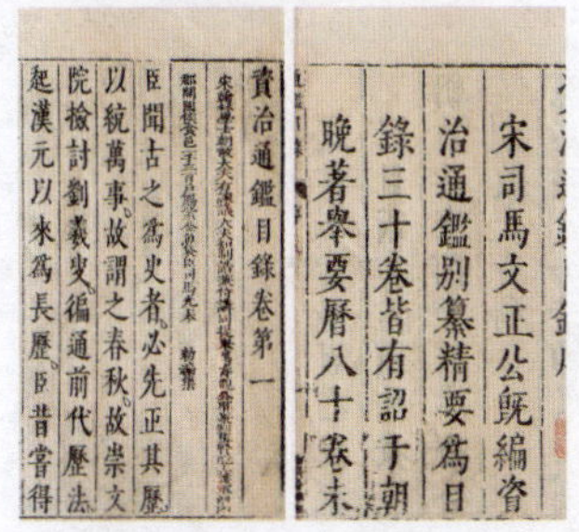

宋司馬文正公旣編資
治通鑑別纂精要爲目
錄三十卷皆有詔于朝
晚著擧要曆八十卷未

資治通鑑目錄卷第一
臣聞古之爲史者必先正其曆
以統萬事故謂之春秋故崇文
院檢討劉羲叟徧通前代曆法
起漢元以來爲長曆臣昔嘗得

《资治通鉴》
《སྲིད་སྐྱོང་ཀུན་གསལ་མེ་ལོང》

王安石

北宋政治家王安石，是“唐宋八大家”之一，也是杰出的诗人。“王安石变法”在中国历史上影响巨大，他的诗词对后来宋诗的发展也有很大的影响。

ཝང་ཨན་ཧྲི།

སུང་བྱང་མའི་ཆབ་སྲིད་པ་ཝང་ཨན་ཧྲི་ནི་ཐང་སུང་མཁས་ཆེན་བརྒྱད་གྲས་ཀྱི་གཅིག་ཡིན་ལ། ཕུལ་དུ་བྱུང་བའི་སྙན་ངག་པ་ཞིག་ཀྱང་ཡིན། ཝང་ཨན་ཧྲིའི་ལུགས་བསྒྱུར་གྱིས་ཀྲུང་གོའི་ལོ་རྒྱུས་སྟེང་དུ་ཤུགས་རྐྱེན་གལ་ཆེན་ཐེབས་ཡོད་པར་མ་ཟད། ཁོང་གིས་བརྩམས་པའི་སྙན་ཚིག་གིས་ཀྱང་དུས་ཕྱིས་ཀྱི་སུང་རྒྱལ་རབས་ཀྱི་སྙན་ངག་གི་འཕེལ་རྒྱས་ལ་ཤུགས་རྐྱེན་ཆེན་པོ་ཐེབས་ཡོད།

王安石　ཝང་ཨན་ཧྲི།

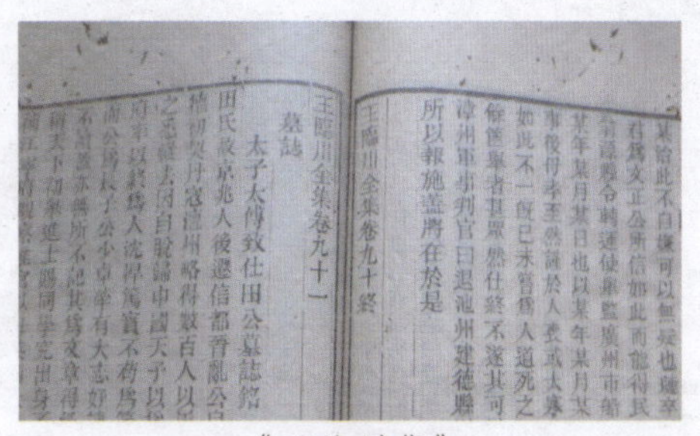

《王临川集》

《ཝང་ལིན་ཁྲོན་གྱི་གསུང་རྩོམ་ཕྱོགས་བསྒྲིགས》

沈括

北宋科学家沈括，被誉为“中国整部科学史中最卓越的人物”。他的《梦溪笔谈》在世界科技史上占据重要的地位，内容涉及天文、数学、物理、生物、化学等多个学科。

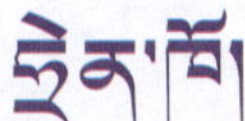

ཧྲེན་ཀོ།

སུང་བྱང་མའི་ཚན་རིག་པ་ཧྲེན་ཁོ་ལ་ཀྲུང་གོའི་ཚན་རིག་ལོ་རྒྱུས་སྟེང་གི་ཆེས་ཕུལ་དུ་བྱུང་བའི་མི་སྣ་ཞིག་ཡིན་ཞེས་གྲགས། ཁོང་གི《མེང་ཞི་ཐྲིན་ཐྲིས》ནི་འཛམ་གླིང་རིག་གནས་ཀྱི་ལོ་རྒྱུས་སྟེང་དུ་གལ་ཆེའི་གོ་གནས་བཟུང་ཡོད་དེ། ནང་དོན་གྱི་ཆ་ནས་གནམ་དཔྱད་རིག་པ་དང་གྲངས་རིག དངོས་ལུགས། སྐྱེ་དངོས། རྫས་འགྱུར་སོགས་རིག་ཚན་མང་པོ་འདུས་ཡོད།

沈括 ཧྲེན་ཀོ།

夢溪筆談卷第一
宋 吳門沈括存中述
明 虞山毛晉子晉訂
故事一
上親郊廟冊文皆曰恭薦歲事先景靈宮謂之朝獻次太廟謂之朝饗末乃有事于南郊予集郊式時曾預討論常疑其次序若先為尊則郊不應在廟後若後為尊則景靈宮不應在太廟之

《梦溪笔谈》 《མེང་ཞི་ཐྲིན་ཐྲིས》

苏轼

苏轼，宋代豪放派词人的代表，人称苏东坡。他的诗、词、赋和散文等均成就斐然，擅长书法和绘画，是宋代文学最高成就的代表。

སུའུ་ཧྲི།

སུའུ་ཧྲི་ནི་བརྗིད་ཉམས་ལུགས་ཀྱི་སྙན་ཚིག་གི་འཐུས་ཚབ་པ་ཡིན། མི་རྣམས་ཀྱིས་སུའུ་ཏུང་པོའོ་ཞེས་འབོད། ཁོང་གི་སྙན་ངག་དང་ལྷུག་རྩོམ་སོགས་ཕྱོགས་གང་ཐད་ནས་ཀྱང་གྲུབ་འབྲས་ཆེན་པོ་བླངས་ཡོད་པར་མ་ཟད། ཡིག་གཟུགས་དང་རི་མོ་འབྲི་བར་ཤིན་ཏུ་མཁས། ཁོང་ནི་སུང་རྒྱལ་རབས་ཀྱི་རྩོམ་རིག་གི་ཆེས་མཐོའི་གྲུབ་འབྲས་ཀྱི་ཚབ་མཚོན་པ་ཡིན།

苏轼 སུའུ་ཧྲི།

《东坡七集》
《ཏུང་པོའོ་ཡི་སྙན་རྩོམ་པོད་བདུན་ཕྱོགས་བསྒྲིགས》

李清照

宋代女词人李清照有“千古第一才女”之称，她早年提出词“别是一家”的说法，使她在宋代词坛上独树一帜，成为“婉约词宗”，是婉约派词人的代表人物。

ལི་ཆིང་ཀྲའོ།

སུང་རྒྱལ་རབས་ཀྱི་བུད་མེད་སྙན་ཚིག་པ་ལི་ཆིང་ཀྲའོ་ལ་གནའ་བོའི་བུད་མེད་ཁྲོད་ཀྱི་ཤེས་ཡོན་ཅན་དང་པོ་ཞེས་འབོད། མོས་སྔ་དུས་སྙན་ཚིག་ལ་ལུགས་གཅིག་མ་རེད་དམ་ཞེས་པའི་ལྟ་བ་བཏོན་ཏེ། སུང་རྒྱལ་རབས་ཀྱི་སྙན་ཚིག་སྡེགས་བུའི་སྟེང་གི་མཛེས་པའི་རྒྱན་གཅིག་ཡིན་ལ། ཞི་འཇམ་ལུགས་ཀྱི་སྙན་ཚིག་གི་མེས་པོར་གྱུར། མོ་ནི་ཞི་འཇམ་ལུགས་ཀྱི་སྙན་ཚིག་གི་འཐུས་ཚབ་མི་སྣ་ཡིན་ནོ།།

李清照　ལི་ཆིང་ཀྲའོ།

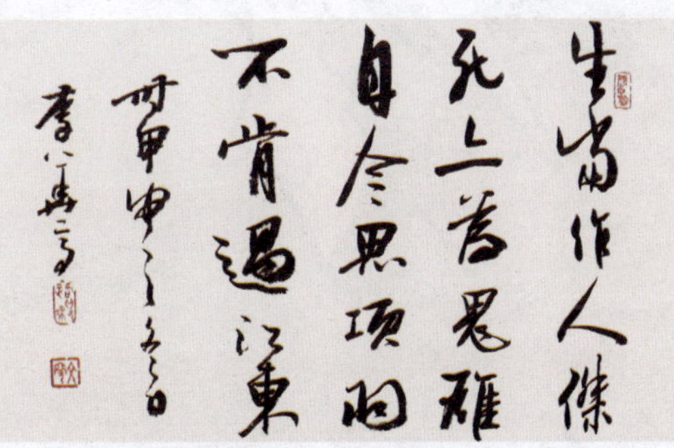

《夏日绝句》　《དབྱར་གྱི་ཉི་མའི་བཅད་མ》

岳飞

南宋中兴四将之首的岳飞，在我国家喻户晓，他是著名的军事家、战略家。他崇高的民族气节和宁死不屈的情操一直激励着后人。

ཡུའེ་ཧྥེ།

སུང་ལྷོ་མ་ཀྲུང་ཞིན་དུས་སྐབས་ཀྱི་དམག་དཔོན་ཆེན་པོ་བཞིའི་གཙུག་རྒྱན་ཡུའེ་ཧྥེ་ནི། རང་རྒྱལ་གྱི་དུད་ཁྱིམ་ཀུན་གྱིས་ཤེས་པའི་ལོ་རྒྱུས་མི་སྣ་ཞིག་ཡིན། ཁོང་ནི་མིང་དུ་གྲགས་པའི་དམག་དོན་པ་དང་འཐབ་ཇུས་པ་ཡིན། ཁོང་གི་བླ་ན་མེད་པའི་མི་རིགས་ཀྱི་ལ་རྒྱ་དང་ཤི་ཡང་མགོ་མི་སྒུར་བའི་སྙིང་སྟོབས་ཀྱིས་མི་རབས་རྗེས་མ་རྣམས་ལ་སྐུལ་ལྕག་བཏང་ཡོད་དོ། །

岳飞　ཡུའེ་ཧྥེ།

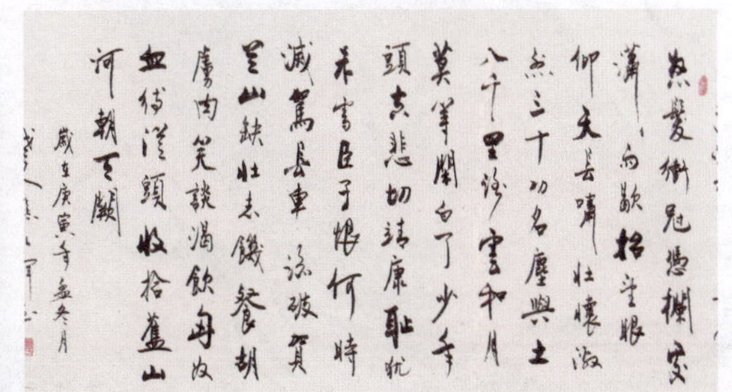

《满江红·怒发冲冠》　《མན་ཅང་ཧོང་·ཁྲོ་བའི་ཞྭ་མོ་གཡུགས་པ》

辛弃疾

辛弃疾是南宋豪放派词人、著名将领。虽然他的一生壮志难酬，但他的信念始终没有动摇，他把满腔激情全部寄意于词作之中，其词艺术风格多样，沉雄豪迈又不乏细腻柔媚。

ཞིན་ཆི་ཅི།

ཞིན་ཆི་ཅི་ནི་སུང་རྗོ་མའི་སྙན་ཚིག་པ་དང་དམག་དཔོན་ཆེན་མོ་ཡིན། དེ་ཡང་ཁོང་གི་མི་ཚེ་ནི་དཔའ་སྤོབས་ཆེ་ཞིང་མངོན་འགྱུར་དཀའ་བ་ཞིག་ཡིན་ནའང་། ཁོང་གི་རྒྱལ་གཅེས་ཀྱི་སེམས་པ་ནི་ཐོག་མཐའ་བར་གསུམ་དུ་འགྱུར་བ་མེད་པ་དང་། ཁོང་གི་ནམ་པར་དག་པའི་ངར་སེམས་ཡོད་ཚད་སྙན་ཚིག་ཁྲོད་དུ་འདུས་ཤིང་། ཁོང་གི་སྙན་ཚིག་སྒྱུ་རྩལ་གྱི་ཉམས་འགྱུར་སྣ་མང་ཞིང་། ཚིག་གི་མཚོན་སྤོབས་ཆེ་བ་དང་ཕྲ་ཞིབ་འཇམ་སྙིད་ལྡན་པ་སོགས་ཀྱི་ཁྱད་ཆོས་ལྡན་ནོ།།

辛弃疾　ཞིན་ཆི་ཅི།

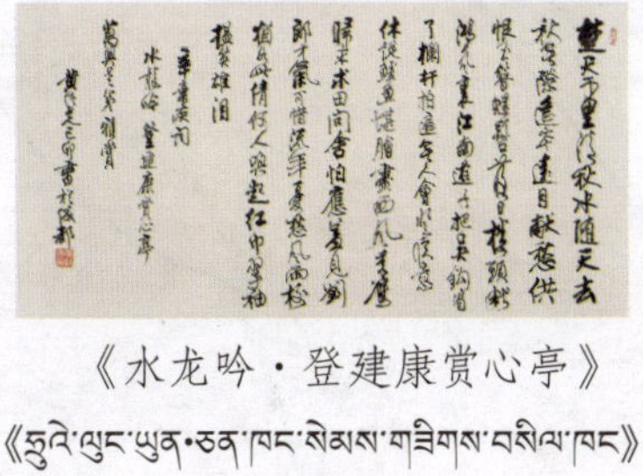

《水龙吟·登建康赏心亭》

《རྒྱུའི་ལུང་ཡུན•ཅན་ཁང་སེམས་གཟིགས་བསིལ་ཁང》

关汉卿

关汉卿是我国“元曲四大家”之首，他最著名的作品是《窦娥冤》。关汉卿在世界文学艺术史上也享有盛誉，被称为“东方的莎士比亚”。

ཀོན་ཧན་ཆིང་།

ཀོན་ཧན་ཆིང་ནི་རང་རྒྱལ་གྱི་ཡོན་རྒྱལ་རབས་ཀྱི་ཟློས་གར་མཁས་ཆེན་བཞིའི་གཙུག་རྒྱན་ཡིན་ལ། ཁོང་གི་བརྩམས་ཆོས་ལས་ཆེས་མིང་དུ་གྲགས་པ་ནི《ཏུའུ་ཨོའུ་ལ་མ་ཉེས་ཁ་གཡོགས་ཐེབས་པ》ཡིན། ཁོང་ནི་འཛམ་གླིང་གི་རྩོམ་རིག་སྒྱུ་རྩལ་ལོ་རྒྱུས་ཐོག་ཏུའང་སྙན་གྲགས་ཆེ་བས། ཤར་ཕྱོགས་ཀྱི་ཧྲ་ཧྲི་པི་ཡ་ཞེས་འབོད།

关汉卿　ཀོན་ཧན་ཆིང་།

戏剧《窦娥冤》

ཟློས་གར《ཏུའུ་ཨོའུ་ལ་མ་ཉེས་ཁ་གཡོགས་ཐེབས་པ》

黄道婆

宋末元初著名的纺织技术改革家黄道婆，由于她传授先进的纺织技术以及推广先进的纺织工具，而受到百姓的敬仰，被尊为布业始祖。

ཧོང་ཏའོ་ཕུའུ།

ཧོང་ཏའོ་ཕུའུ་ནི་སུང་མཇུག་ཡོན་སྟོད་ཀྱི་འཁལ་འཐག་ལག་རྩལ་སྒྱུར་བཅོས་གཏོང་མཁན་ཞིག་ཡིན། མོས་སྔོན་ཐོན་གྱི་འཁལ་འཐག་ལག་རྩལ་བརྒྱུད་ཁྲིད་དང་སྔོན་ཐོན་གྱི་འཁལ་འཐག་ཡོ་བྱད་ཁྱབ་སྤེལ་བྱས་སྟབས། མི་སེར་གྱིས་དད་གུས་ཐོབ་སྟེ་རས་བཟོ་ལས་རིགས་ཀྱི་མེས་པོ་རུ་བཀུར།

黄道婆　ཧོང་ཏའོ་ཕུའུ།

足踏纺织机

ཀང་སྣོན་འཁལ་འཐག་འཕྲུལ་ཆས།

替天行道

施耐庵

施耐庵著有我国四大名著之一的《水浒传》。《水浒传》是一部以描写古代农民起义为题材的长篇小说，满腔热情地歌颂了起义英雄的斗争精神和他们的社会理想，是汉语文学中最具史诗特征的作品之一。

ཧྲི་ནའི་ཨན།

ཧྲི་ནའི་ཨན་ནི་རང་རྒྱལ་གྱི་བརྩམས་ཆོས་གྲགས་ཅན་བཞིའི་ཡ་གྱལ《ཆུ་ངོགས་གཏམ་རྒྱུད》ཀྱི་རྩོམ་པ་པོ་ཡིན། དེ་ནི་གནའ་རབས་ཀྱི་ཞིང་པའི་འོས་ལངས་ཞིབ་འབྲི་བྱེད་པ་བརྗོད་བྱ་བྱས་པའི་སྒྲུང་གཏམ་རིང་གྲས་ཤིག་ཡིན། ལྷག་བསམ་ཟློལ་མེད་ཀྱིས་འོས་ལངས་བྱེད་མཁན་གྱི་དཔའ་བོ་རྣམས་ཀྱི་འཐབ་རྩོད་བྱེད་ཕོད་པའི་སྙིང་སྟོབས་དང་ཁོ་ཚོའི་སྤྱི་ཚོགས་ཀྱི་ཕྱུགས་བསམ་ལ་བསྟོད་བསྔགས་བྱས་ཡོད་ཅིང་། དེ་ནི་རྒྱའི་སྐད་ཡིག་གི་རྩོམ་རིག་ཁྲོད་དུ་ལོ་རྒྱུས་སྙན་ངག་ཁྱད་ཆོས་ཆེས་ཆེར་ལྡན་པའི་བརྩམས་ཆོས་ཤིག་ཡིན།

施耐庵　ཧྲི་ནའི་ཨན།

《水浒传》　《ཆུ་ངོགས་གཏམ་རྒྱུད》

罗贯中

罗贯中是中国章回小说的鼻祖，他的代表作《三国演义》影响深远，反映了三国时期各类社会斗争与矛盾的转化，塑造了一批叱咤风云的英雄人物。

ལུའོ་ཀོན་ཀྲུང་།

ལུའོ་ཀོན་ཀྲུང་ནི་ཀྲུང་གོའི་ཚིག་ལེའུར་བྱས་པའི་སྒྲུང་གཏམ་གྱི་སྲོལ་འབྱེད་མཁན་ཡིན་ཞིང་། ཁོང་གི་ཚབ་མཚོན་བརྩམས་ཆོས《རྒྱལ་ཁབ་གསུམ་གྱི་གཏམ་རྒྱུད》ནི་སྙན་གྲགས་ཤིན་ཏུ་ཆེ་བ་ཞིག་སྟེ། དེའི་ནང་དུ་རྒྱལ་ཁབ་གསུམ་གྱི་དུས་སྐབས་ཀྱི་སྤྱི་ཚོགས་འཐབ་རྩོད་དང་འགལ་བ་སྣ་ཚོགས་ཀྱི་འགྱུར་ལྡོག་མངོན་པར་མཚོན་ཡོད་པར་མ་ཟད། རྩམ་ཟིལ་ཆེས་ཆེར་ལྡན་པའི་རྒྱལ་ཁབ་གསུམ་གྱི་དུས་སྐབས་ཀྱི་དཔའ་བོ་མི་སྣ་ཁག་ཅིག་གི་སྣང་བརྙན་བཞེངས་སྐྲུན་བྱས་ཡོད།

罗贯中　ལུའོ་ཀོན་ཀྲུང་།

《三国演义》

《རྒྱལ་ཁབ་གསུམ་གྱི་གཏམ་རྒྱུད》

郑和

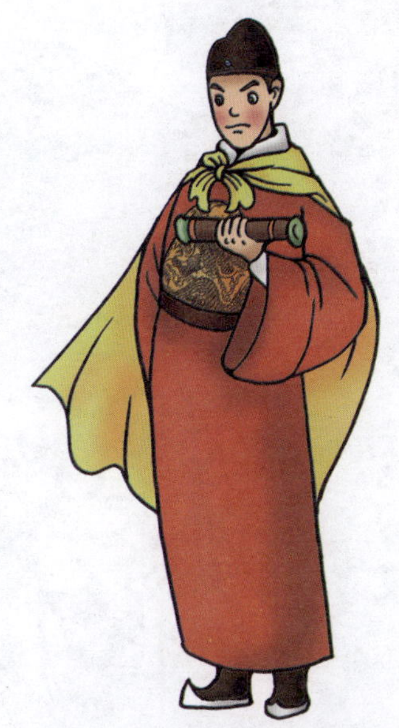

郑和，原名马和，因战功由明成祖朱棣赐“郑”姓，史称郑和，明朝航海家、外交家。郑和七下西洋，完成了人类历史上伟大的壮举。

ཀྲིན་ཧི།

ཀྲིན་ཧི། དེ་སྔའི་མིང་ལ་མ་ཧི་ཟེར། དམག་འཁྲུག་ཐད་བྱས་རྗེས་ཆེ་བའི་དབང་གིས་མིང་ཁྲིན་ཙུའུ་ཀྲོའུ་ཏི་ཡིས་རུས་ཀྲིན་ཞེས་པ་བསྩལ། དེ་ནས་ལོ་རྒྱུས་ཐོག་ཀྲིན་ཧི་ཞེས་གྲགས། མིང་རྒྱལ་རབས་སྐབས་ཀྱི་མཚོ་སྐྱོད་མཁན་པོ་དང་ཕྱི་འབྲེལ་མཁན་པོ་ཞིག་ཡིན། ཁོང་གི་ནུབ་ཀྱི་རྒྱ་མཚོར་ཐེངས་བདུན་ལ་བསྐྱོད་པ་ལེགས་གྲུབ་བྱུང་བས་མིའི་རིགས་ཀྱི་ལོ་རྒྱུས་ཐོག་རླབས་ཆེའི་མཛད་རྗེས་བཞག་གོ།

郑和 ཀྲིན་ཧི།

郑和宝船模型
ཀྲིན་ཧིའི་མཚོ་གྲུའི་དཔེ་དབྱིབས།

李时珍

李时珍是我国明代杰出的医学家、药物学家，被推选为世界文化名人。他的著作《本草纲目》被誉为“东方医药巨典”，内容涉及生物学、化学、矿物学和地质学等，对我国药物学的发展做出了重大贡献。

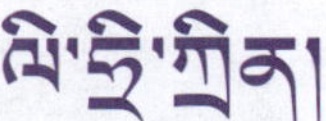

ལི་ཧྲི་ཀྲིན།

ལི་ཧྲི་ཀྲིན་ནི་མིང་རྒྱལ་རབས་སྐབས་ཀྱི་རླབས་ཆེ་བའི་གསོ་རིག་མཁན་པོ་དང་སྨན་རྫས་མཁན་པོ་ཡིན། འཛམ་གླིང་གི་རིག་གནས་མི་སྣ་གྲགས་ཅན་གྱི་ཁོངས་སུ་བདམས་ཐོན་བྱུང་། ཁོང་གི་གསུང་རྩོམ《སྡོ་སྨན་རྩ་འགྲེལ》ནི་ཤར་ཕྱོགས་ཀྱི་སྨན་གཞུང་ཆེན་མོ་ཞེས་བསྔགས་ཤིང་། དེའི་ནང་ན་སྐྱེ་དངོས་རིག་པ་དང་རྫས་འགྱུར་རིག་པ། གཏེར་རྫས་རིག་པ། ས་གཤིས་རིག་པ་སོགས་འདུས་པས། རང་རྒྱལ་གྱི་སྨན་རྫས་རིག་པའི་འཕེལ་རྒྱས་ཐད་ལ་བྱས་རྗེས་གལ་ཆེན་བཞག་ཡོད།

李时珍 ལི་ཧྲི་ཀྲིན།

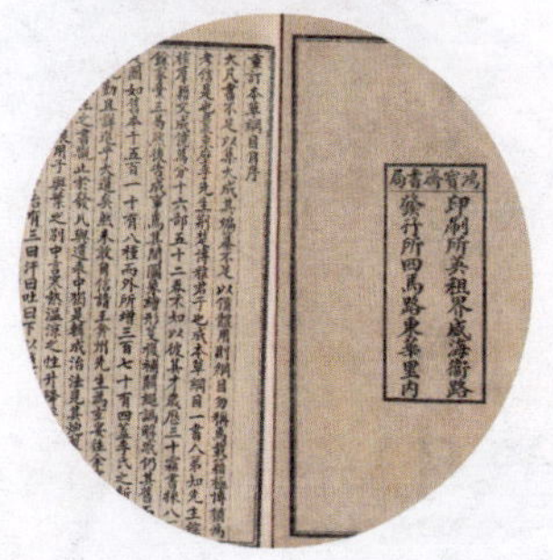

鴻寶齋書局
印刷所英租界威海衛路
發行所四馬路東華里內

《本草纲目》 《སྡོ་སྨན་རྩ་འགྲེལ》

徐霞客

徐霞客是明代地理学家、文学家。他幼年时期喜爱阅读历史、地理、探险之类的书籍，这些书籍使他从小就热爱祖国的壮丽河山。其撰写的《徐霞客游记》，对全国各地的名胜古迹、风土人情均有记载，对地理学有重大贡献。

ཤུས་ཞ་ཁེ་ནི་མིང་རྒྱལ་རབས་སྐབས་ཀྱི་ས་རྒྱུས་རིག་པ་བ་དང་རྩོམ་རིག་མཁན་པོ་ཞིག་ཡིན། ལོ་ན་ཕྲ་བའི་དུས་ནས་བཟུང་ལོ་རྒྱུས་དང་ས་རྒྱུས། སྤྱལ་དཔྱད་སོགས་ཀྱི་དཔེ་ཆ་ཀློག་པར་དགའ་བས། ཁོང་ཆུང་དུས་ནས་མེས་རྒྱལ་གྱི་བརྗིད་ཆགས་རི་ལྗོངས་ལ་དགའ་ཞེན་ཆེ་བ་དང་། ཁོང་གིས་བརྩམས་པའི《ཤུས་ཞ་ཁེའི་ཡུལ་སྐོར་ཟིན་ཐོ》ཡི་ནང་དུ་རྒྱལ་ཡོངས་ཀྱི་ས་གནས་སོ་སོའི་གནའ་ཤུལ་གྲགས་ཅན་དང་ཡུལ་སྲོལ་གོམས་གཤིས་ཚང་མ་ཐོ་འགོད་བྱས་ཡོད། དེས་ས་རྒྱུས་རིག་པའི་ཐད་ལ་བྱས་རྗེས་གལ་ཆེན་བཞག་འདུག

徐霞客　ཤུས་ཞ་ཁེ།

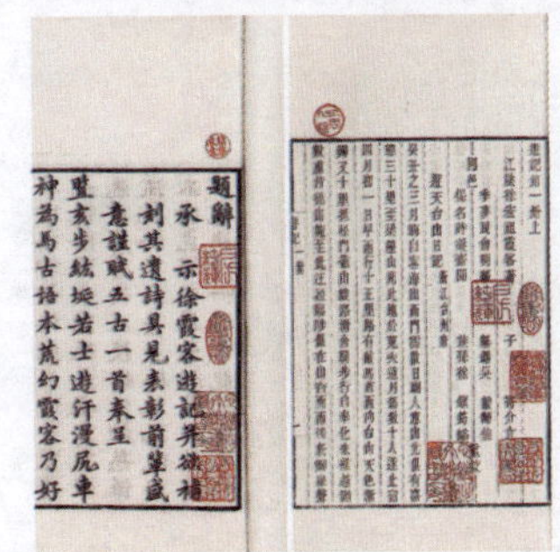

《徐霞客游记》
《ཤུས་ཞ་ཁེའི་ཡུལ་སྐོར་ཟིན་ཐོ》

紅樓夢

曹雪芹

清代小说家曹雪芹，历尽艰辛创作了《红楼梦》，这部作品把中国古代小说的创作推向了最高峰。“开谈不说《红楼梦》，读尽诗书也枉然”，可见这部作品对我国知识分子及汉文化的影响之深远。

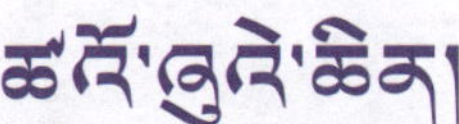

ཆིང་རྒྱལ་རབས་དུས་སྐབས་ཀྱི་སྒྲུང་གཏམ་པ་གྲགས་ཅན་ཚའོ་ཞུའེ་ཆིན་གྱིས་དཀའ་སྤྱད་འབད་འབུངས་བརྒྱུད་ནས《ཁང་ཆེན་དམར་པོའི་རྨི་ལམ》གསར་རྩོམ་གནང་། བརྩམས་ཆོས་འདིས་ཀྲུང་གོའི་གནའ་བོའི་སྒྲུང་རིང་གསར་རྩོམ་བྱ་བ་ཡང་རྩེར་སོན་པར་བྱས། གཏམ་རྗོད་དུས《ཁང་ཆེན་དམར་པོའི་རྨི་ལམ》མ་གླེང་ན། །སྙན་ངག་དང་དཔེ་ཀློག་བྱས་ཀྱང་དོན་མེད་ཡིན། །ཞེས་པའི་ཚིག་འདིའི་སྟེང་ནས་ཀྱང་བརྩམས་ཆོས་འདིས་རང་རྒྱལ་གྱི་ཤེས་ཡོན་ཅན་དང་རྒྱའི་རིག་གནས་ལ་ཤུགས་རྐྱེན་ཟབ་མོ་བཞག་ཡོད་པ་ཤེས་ཐུབ།

曹雪芹　ཚའོ་ཞུའེ་ཆིན།

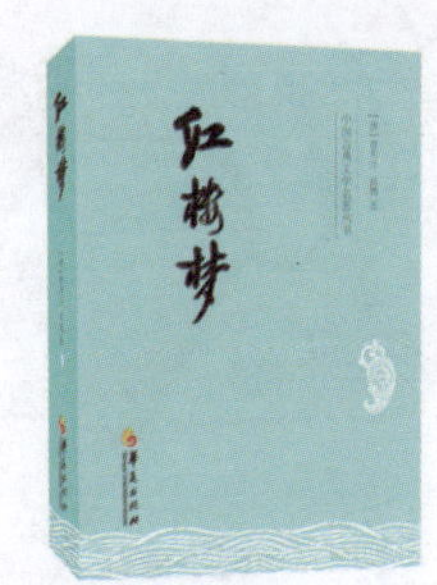

《红楼梦》

《ཁང་ཆེན་དམར་པོའི་རྨི་ལམ》

林则徐

林则徐是清朝时期的政治家、思想家、诗人。他一生致力于反抗西方入侵，但对西方的文化、科技、贸易则持开放态度，主张学其优而用之。因为他主张严禁鸦片，故有“民族英雄”之誉。

ལིན་ཙེ་ཞུས།

ལིན་ཙེ་ཞུས་ནི་ཆིང་རྒྱལ་རབས་དུས་སྐབས་ཀྱི་ཆབ་སྲིད་པ་དང་བསམ་བློ་པ། སྙན་ངག་པ་བཅས་ཡིན། ཁོང་གིས་མི་ཚེ་ཧྲིལ་པོར་ཕྱོགས་གཅིག་ནས་ནུབ་ཕྱོགས་ཀྱི་བཙན་འཛུལ་ལ་འགོག་རྒོལ་བྱས་པ་དང་། ཕྱོགས་གཞན་ནས་ནུབ་ཕྱོགས་ཀྱི་རིག་གནས་དང་ཚན་རིག་ལག་རྩལ། ཚོང་ལས་བཅས་ལ་སྒོ་འབྱེད་ཀྱི་རྣམ་འགྱུར་བཟུང་ནས། ལེགས་ཆའམ་ཡོན་ཏན་ལ་སློབ་སྦྱོང་དང་བཀོལ་སྤྱོད་བྱེད་དགོས་པའི་ལྟ་བ་བཏོན་པ་རེད། ཁོང་གིས་ཉལ་ཐ་བཀག་འགོག་བྱས་པས་མི་རིགས་ཀྱི་དཔའ་བོ་ཞེས་པའི་མཚན་སྙན་གསོལ་ཡོད།

林则徐　ལིན་ཙེ་ཞུས།

虎门销烟

ཧུའུ་མོན་དུ་ཉལ་ཐ་སྲེག་པ།

康有为

晚清时期著名政治家、思想家、教育家康有为，领导了中国知识界的启蒙运动。他“公车上书”，是中国第一批探索宪政的人，首次倡导了政治体制上的中西结合。

ཁང་ཡིའུ་ཝེ།

ཁང་ཡིའུ་ཝེ་ནི་ཆིང་རྒྱལ་རབས་དུས་མཇུག་གི་ཆབ་སྲིད་པ་དང་བསམ་བློ་བ། སློབ་གསོ་པ་བཅས་ཡིན་ཞིང་། ཁོང་གིས་སྔེ་ཁྲིད་དེ་ཀྲུང་གོའི་ཤེས་ཡོན་པའི་སྡེ་ཡི་བློ་སྒོ་འབྱེད་པའི་ལས་འགུལ་བསླངས་པ་དང་། གུང་ཁྲིའི་ཞུ་ཡིག་ཅེས་པ་ཏུ་ཞུགས། ཀྲུང་གོའི་ཁྲིམས་གཙོའི་སྲིད་ལུགས་འཚོལ་ཞིབ་བྱེད་པའི་མི་ཁག་དང་པོ་ཡིན་ལ། ཀྲུང་ནུབ་ཟུང་འབྲེལ་གྱི་ཆབ་སྲིད་སྒྲིག་སྲོལ་ཐོག་མར་དར་སྤེལ་བྱེད་མཁན་ཡིན།

康有为 ཁང་ཡིའུ་ཝེ།

公车上书
གུང་ཁྲིའི་ཞུ་ཡིག

齐白石

齐白石是近现代中国绘画大师，擅长画花鸟鱼虫、山水、人物，用笔雄浑滋润，色彩浓艳明快。

ཆི་པའེ་ཧྲི།

ཆི་པའེ་ཧྲི་ནི་ཉེ་རབས་དང་དེང་རབས་ཀྱི་ཀྲུང་གོའི་རི་མོ་མཁན་པོ་ཡིན། ལྷག་པར་དུ་མེ་ཏོག་དང་འདབ་ཆགས། ཡུལ་ལྗོངས། མི་སྣ་སོགས་འབྲི་བར་མཁས། སྨྱུག་རྩལ་ཐོགས་པ་མེད་པ་དང་ཚོན་མདངས་རྣམ་པར་བཀྲ་ཞིང་མིག་ལ་མཛེས་པ་ཡིན།

齐白石　ཆི་པའེ་ཧྲི།

《肥年》　《ལོ་ཡག》

梁启超

梁启超是中国近代维新派的代表人物，也是中国近代思想家、政治家、教育家、史学家、文学家及资产阶级改良派的宣传家，是“戊戌变法”（百日维新）领袖之一，他深度参与并影响了中国从旧社会向现代社会的转变。

ལིའང་ཆི་ཁྲའོ།

ལིའང་ཆི་ཁྲའོ་ནི་ཀྲུང་གོའི་ཉེ་རབས་གསར་བཅོས་ཕྱོགས་ཁག་གི་འཐུས་ཚབ་མི་སྣ་ཡིན། ཁོང་ནི་ཀྲུང་གོའི་ཉེ་རབས་ཀྱི་བསམ་བློ་པ་དང་ཆབ་སྲིད་པ། སློབ་གསོ་པ། ལོ་རྒྱུས་སྨྲ་བ། རྩོམ་རིག་མཁན་པོ་དང་འབྱོར་ལྡན་གྲལ་རིམ་གསར་བཅོས་ཕྱོགས་ཁག་གི་དྲིལ་སྒྲོག་པ་བཅས་ཡིན་པར་མ་ཟད། ཁོང་ནི་ས་ཁྲི་ལོའི་སྲིད་སྒྱུར(ཉིན་བརྒྱའི་གསར་བཅོས)ཀྱི་གཙོ་འཛིན་མི་སྣ་གྲས་ཀྱི་གཅིག་ཡིན་ཞིང་། ཁོང་གིས་ཀྲུང་གོ་སྤྱི་ཚོགས་རྙིང་པ་ནས་དེང་རབས་སྤྱི་ཚོགས་སུ་བསྒྱུར་བར་བྱས་རྗེས་མི་དམན་པ་བཞག་ཡོད།

梁启超　ལིའང་ཆི་ཁྲའོ།

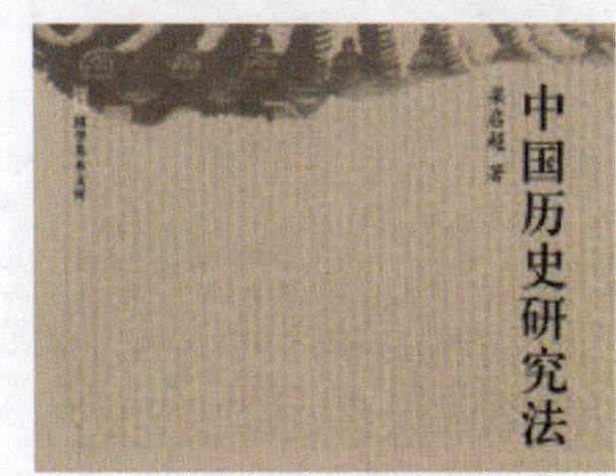

《中国历史研究法》
《ཀྲུང་གོའི་ལོ་རྒྱུས་ཞིབ་འཇུག་བྱེད་ཐབས》

鲁迅

鲁迅是中国近代著名的文学家、思想家，“新文化运动”的重要参与者。他不仅创作了大量的文学作品，对“五四运动”以后的中国社会思想文化发展也有重大影响，蜚声世界文坛。

ལུའུ་ཤུན།

ལུའུ་ཤུན་ནི་ཀྲུང་གོའི་ཉེ་རབས་ཀྱི་སྐད་གྲགས་ཆེ་བའི་རྩོམ་རིག་མཁན་པོ་དང་བསམ་བློ་བ་ཡིན། རིག་གནས་གསར་བའི་ལས་འགུལ་ཞེས་པར་ཞུགས་མཁན་གཙོ་བོ་ཡིན། ཁོང་གིས་རྩོམ་རིག་བརྩམས་ཆོས་འབོར་ཆེན་གསར་རྩོམ་བྱས་པར་མ་ཟད། ལྔ་བཞིའི་ལས་འགུལ་རྗེས་ཀྱི་ཀྲུང་གོའི་སྤྱི་ཚོགས་ཀྱི་བསམ་བློ་དང་རིག་གནས་འཕེལ་རྒྱས་ཐད་ལའང་ཤུགས་རྐྱེན་ཆེན་པོ་ཐེབས་པས། འཛམ་གླིང་རྩོམ་རིག་གར་སྟེགས་སྟེང་དུ་སྙན་གྲགས་ཆེན་པོ་ལྡན་ནོ། །

鲁迅　ལུའུ་ཤུན།

《呐喊》　《འབོད་སྒྲལ》

徐悲鸿

徐悲鸿是我国现代画家、美术教育家。曾留学法国学习西方绘画，归国后长期从事美术教育。他擅长画人物、走兽、花鸟，尤其擅长画马。

ཞུས་པེ་ཧུང་ནི་ཀྲུང་གོའི་དེང་རབས་ཀྱི་རི་མོ་མཁན་པོ་དང་མཛེས་རྩལ་སློབ་གསོ་པ་ཡིན། སྔར་ཧྥ་རན་སིར་ནུབ་ཕྱོགས་རི་མོ་སློབ་ཏུ་སོང་མྱོང་། ཕྱིར་རྒྱལ་ནང་དུ་ལོག་རྗེས་དུས་ཡུན་རིང་པོར་མཛེས་རྩལ་སློབ་གསོའི་བྱ་བ་གཉེར། ཁོང་ནི་མི་སྣ་དང་རི་དྭགས། བྱ་སོགས་འབྲི་རྒྱུར་དགའ། ལྷག་པར་དུ་རྟ་འབྲི་བར་ཤིན་ཏུ་འཇོན་ནོ།།

徐悲鸿　ཞུས་པེ་ཧུང་།

《八骏图》　《རྟ་མཆོག་བརྒྱད་ཀྱི་རི་མོ》

林家铺子

茅盾

茅盾是中国现代著名作家、文学评论家、文化活动家、社会活动家。他是新文化运动的先驱者、中国革命文艺的奠基人之一，代表作有小说《子夜》《春蚕》等。

མའོ་ཏུན།

མའོ་ཏུན་ནི་ཀྲུང་གོའི་དེང་རབས་ཀྱི་རྩོམ་པ་པོ་དང་རྩོམ་རིག་དཔྱད་བརྗོད་པ། རིག་གནས་བྱ་འགུལ་པ། སྤྱི་ཚོགས་བྱེད་སྒོ་པ་བཅས་ཡིན། ཁོང་ནི་རིག་གནས་གསར་བའི་ལས་འགུལ་གྱི་སྔོན་འགྲོ་པ་དང་ཀྲུང་གོའི་གསར་བརྗེའི་རིག་རྩལ་གྱི་སྒྱོལ་འཛུགས་པ་གཙོ་བོའི་གྲས་ཀྱི་གཅིག་ཡིན། ཁོང་གི་འཐུས་ཚབ་བརྩམས་ཆོས་ལ་སྒྲུང་གཏམ《མཚན་དགོང》དང《དཔྱིད་ཀྱི་དར་འབུ》སོགས་ཡོད།

茅盾　མའོ་ཏུན།

书法作品　ཡིག་གཟུགས་བརྩམས་ཆོས།

VIVACE

聂耳

聂耳，云南昆明人，著名音乐家，创作了许多革命歌曲，对中国音乐影响深远，是现在我国国歌——《义勇军进行曲》的作曲者。

ཉེ་ཨེར།

ཉེ་ཨེར་ནི་ཡུན་ནན་ཁུན་མིན་གྱི་མི་ཡིན། སྐད་གྲགས་ཆེ་བའི་རོལ་མོ་པ་ཡིན། གསར་བརྗེའི་གླུ་དབྱངས་གསར་རྩོམ་མང་པོ་བྱས་ཏེ་ཀྲུང་གོའི་རོལ་དབྱངས་ཐད་ལ་ཤུགས་རྐྱེན་ཟབ་མོ་ཐེབས། ད་ལྟའི་ཀྲུང་ཧྭ་མི་དམངས་སྤྱི་མཐུན་རྒྱལ་ཁབ་ཀྱི་རྒྱལ་གླུ《ཧྲོས་ལྡངས་དམག་གི་མདུན་སྐྱོད་གླུ་གཞས》དབྱངས་རྩོམ་མཁན་དེ་ཡིན།

聂耳　ཉེ་ཨེར།

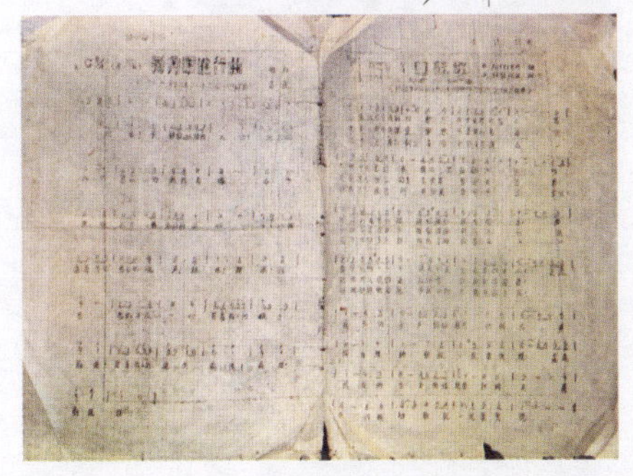

《义勇军进行曲》

《ཧྲོས་ལྡངས་དམག་གི་མདུན་སྐྱོད་གླུ་གཞས》